Kohlhammer
Urban-
Taschenbücher
T-Reihe

Band 621

Gert Otto

Einführung in die Praktische Theologie

Ein Arbeitsbuch

Verlag W. Kohlhammer
Stuttgart Berlin Köln Mainz

Stuttgart Berlin Köln Mainz
Verlagsort: Stuttgart
Umschlag: hace
Gesamtherstellung: W. Kohlhammer GmbH
Grafischer Großbetrieb Stuttgart
Printed in Germany
ISBN 3-17-002754-9

Vorwort

Diese Einführung in das Studium der Praktischen Theologie ist so angelegt, daß sie eine doppelte Funktion erfüllen kann:

– Sie bietet dem Anfänger eine »Landkarte«, um ihn zu orientieren, wo man sich für einläßlichere Studien im Feld der Praktischen Theologie niederlassen kann und wie die »Landschaft« aussieht, der man sich nähert.

– Sie bietet, auch im Sinne der »Landkarte« (aber jetzt mit anderer Funktion) dem Fortgeschritteneren die Möglichkeit, seine Beschäftigung mit einem bestimmten praktisch-theologischen Fragenkreis in größerem Zusammenhang zu sehen, den Einzelaspekt zu hinterfragen, systematisierenden oder konzeptionellen Interessen zu folgen.

Da *Lehrbücher* für das praktisch-theologische Studium weitgehend fehlen, sind den einzelnen Abschnitten methodisch durchdachte »Arbeitshinweise« beigegeben (jeweils als »Kasten« eingerahmt). Sie können sowohl dem Selbststudium dienen wie auch Seminaren und Arbeitsgruppen an Universitäten, Fachhochschulen und anderen Ausbildungsstätten.

Im Herbst 1975 *Gert Otto*

Inhalt

0.1. Allgemeine Hilfsmittel

(1) Quellen, Nachschlagwerke, Sammelbände

Artikel »Praktische Theologie« (bzw. einzelner Gebiete oder Probleme) in Nachschlagwerken
C. Clemen (Hg.), Quellenbuch zur praktischen Theologie, 3 Bde. (1910)
G. Krause (Hg.), Praktische Theologie. Texte zum Werden und Selbstverständnis der praktischen Disziplin der evangelischen Theologie (1972)
W. Birnbaum, Theologische Wandlungen von Schleiermacher bis Karl Barth. Eine enzyklopädische Studie zur praktischen Theologie (1963)
F. X. Arnold/K. Rahner u. a. (Hg.), Handbuch der Pastoraltheologie (1964 ff.)
G. Otto (Hg.), Praktisch-theologisches Handbuch (1975^2)
F. Klostermann/R. Zerfaß (Hg.), Praktische Theologie heute (1974)

(2) Zeitschriften

Wissenschaft und Praxis in Kirche und Gesellschaft, seit 1911, monatlich, hg. von G. Bauer u. a.
Theologia Practica, seit 1966, vierteljährlich, hg. von G. Otto

(3) Letzte Gesamtdarstellungen der Praktischen Theologie

L. Fendt, Grundriß der Praktischen Theologie (1949^2)
A. D. Müller, Grundriß der Praktischen Theologie (1950)
O. Haendler, Grundriß der Praktischen Theologie (1957)
M. Josuttis, Praxis des Evangeliums zwischen Politik und Religion (1974)
R. Bohren, Daß Gott schön werde. Praktische Theologie als theologische Ästhetik (1975)
H. Ammer u. a., Handbuch der Praktischen Theologie, bisher Bd. 2 (1974)

(4) Grundlegende neuere Werke zu einzelnen praktisch-theologischen Arbeitsgebieten

L. Fendt, Einführung in die Liturgiewissenschaft (1958)
D. Stollberg, Therapeutische Seelsorge (1969)
J. Scharfenberg, Seelsorge als Gespräch (1972)
H.-R. Müller-Schwefe, Homiletik, 3 Bde. (1961 ff.)
R. Bohren, Predigtlehre (1972^2)
G. Otto/H. J. Dörger/J. Lott, Neues Handbuch des Religionsunterrichts (1972)
E. Feifel u. a. (Hg.), Handbuch der Religionspädagogik, 3 Bde. (1973 ff.)

(5) Einführungen in Humanwissenschaften

J. Matthes, Einführung in das Studium der Soziologie (rororo-studium 780)
J. Matthes, Einführung in die Religionssoziologie I und II (rde 279/80 und 312/13)
W. Klafki u. a., Erziehungswissenschaft 1 bis 3 (Fischer – TB 6106-8)
D. O. Hebb, Einführung in die moderne Psychologie (1968²)
K. P. Tudyka, Kritische Politikwissenschaft (Urban – TB 845)

0.2. Einstieg: Brainstorming zum Thema Praktische Theologie

Um für die weiteren Arbeitsschritte so etwas wie erste Teilstücke eines Vorstellungshorizontes zu gewinnen, wird mit einem Brainstorming eingesetzt, also mit der Sammlung von »Einfällen« zum Verständnis von Praktischer Theologie. Dabei können – wenn nötig – folgende Fragen den Prozeß des Nachdenkens stimulieren:

- was heißt »praktisch«?
- worüber wird in Praktischer Theologie nachgedacht?
- spielt Kirche für Praktische Theologie eine Rolle?
- für wen wird Praktische Theologie betrieben?
- sind andere theologische Fächer »theoretisch«?
- um welche/wessen Praxis geht es?
- hat Theorie mit Praktischer Theologie zu tun?
- usw.

Diese Fragen – und im konkreten Zusammenhang viele denkbare andere – haben lediglich die Funktion, »Einfälle« zu initiieren. Sie dürfen an dieser Stelle nicht etwa in ein systematisches Gerüst verwandelt werden. Vielmehr sollen die Einfälle und Hinweise bewußt ungeordnet, einander überschneidend und auch einander widersprechend zusammengetragen werden. Am Schluß des Gesprächsganges sollten dann einige sich ergebende Schwerpunkte in Form von *offenen Fragen* aufgrund des zusammengetragenen Materials gemeinsam formuliert werden. Diese Fragen bilden den Hintergrund der folgenden Arbeitsschritte.

1. Erster Schritt: Pastoraltheologie

Einführung:

G. Rau, Pastoraltheologie. Untersuchungen zur Geschichte und Struktur einer Gattung praktischer Theologie (1970)
G. Krause, Hat die Praktische Theologie wirklich die Konkurrenz der Pastoraltheologie überwunden?
in: Theologische Literaturzeitung 95. Jg./1970, 721 ff.

Ziele:

- Kenntnisnahme der Vorstufe gegenwärtiger praktisch-theologischer Arbeit;
- Einsicht in die Grenzen pastoraltheologischer Aussagen;
- Konfrontation der Einsichten in die Struktur pastoraltheologischer Aussagen mit den Erwartungen an Praktische Theologie, wie sie im »Brainstorming« (vgl.: 0.2.) formuliert worden sind, ggf. erneute Formulierung der Erwartungen.

Mögliche Fragestellungen bei der Interpretation der Texte:

- Wer ist der Adressat?
- Um welche Praxis geht es?
- Stehen hinter den praktischen Anweisungen theoretische Vorstellungen? Gegebenenfalls welche?
- Wie kann man die praktischen Anweisungen charakterisieren?
- Gibt es Berührungen mit anderen theologischen Disziplinen?

Texte

Aus dem Inhaltsverzeichnis eines Lehrbuches der Pastoraltheologie:

Verzeichnis
des Inhalts aller Hauptstücke und Abschnitte dieser ganzen Pastoral-Theologie.

Vorläufige Einleitung.

§. 1. Was die Pastoral-Theologie sey?
§. 2. Nothwendigkeit derselben wird erwiesen.

Viertes Hauptstück.

Vom Verhalten eines Predigers gegen offenbar Unglaubige.

§. 1. Wie sich ein Prediger gegen offenbar Unglaubige zu verhalten habe?
§. 2. Welche Menschen Atheisten genant werden?
§. 3. Wie sich ein Prediger dagegen zu verhalten habe?
§. 4. Wird noch weiter gezeigt.
§. 5. Wird fortgesetzt.
§. 6. Noch weiter fortgesetzt.
§. 7. Insbesondere auch gegen die practischen Atheisten.
§. 8. Imgleichen gegen diejenigen, welche manche göttliche Eigenschaften leugnen.
§. 9. Was Naturalisten und Deisten sind?
§. 10. Wie sich ein Prediger dagegen verhalten müsse?
§. 11. Diese Regeln müssen auch bei Verteidigung einzelner Warheiten beobachtet werden.
§. 12. Ein Prediger muß seine Gemeine vor dergleichen Irrtümern treulich warnen.
§. 13. Er muß die Göttlichkeit und Richtigkeit der H. Schrift fleißig beweisen.
§. 14. Man muß den Worten der Deisten nicht immer trauen.
§. 15. Ein Prediger muß auch wissen, wie er mit den übrigen Unglaubigen umgehen solle.
§. 16. Wie er sich in Absicht auf die Heiden zu verhalten habe?
§. 17. Insbesondere gegen einen Heiden, der die christliche Religion annehmen will.
§. 18. Wie sich diejenigen verhalten müssen, so sich zu Mißionarien unter die Heiden wollen gebrauchen lassen?
§. 19. Wie sich ein Prediger in Absicht auf die Juden verhalten müsse?
§. 20. Insbesondere gegen diejenigen, so die christliche Religion annehmen wollen.
§. 21. Was solche, so sich als Mißionarien unter den Juden wollen brauchen lassen, thun müssen?
§. 22. Wie sich ein Prediger in Absicht auf die Türken verhalten müsse?
§. 23. Insbesondere gegen die, so sich zur Annehmung der christlichen Religion melden.
§. 24. Was einer thun müsse, der ein Mißionarius unter die Türken werden will.

J. J. Plitt, Pastoral-Theologie oder Unterricht vom rechtmäßigen Verhalten eines Evangelischen Predigers (1766)

M. Gabriel Ternens,

Pfarrers zu Roitzsch und Ramsin, unter der Inspection Bitterfeld,

In Pastoralibus sich wohl præparirender

STUDIOSUS THEOLOGIÆ,

Das ist,

Deutlicher Unterricht,

was ein Candidatus Ministerii in seinem künfftigen Amte, in denen Stücken, die nicht zum Predigen und andern Reden, sondern zu andern seinen übrigen Amts-Verrichtungen gehören, wohl zu lernen, und zu wissen nöthig hat,

Hier alles in guter Ordnung, mit vielen Casibus zu seinem herrlichen Nutzen, um sowol sein ihm anvertrautes heiliges Amt legal, ordentlich und erbaulich zu führen, als auch sonsten in Ansehung seines vorgesetzten Superintendenten, Collegen und Untergebenen sich legitim, klüglich und behutsam zu erweisen, zusammen getragen findet;

Aus unsrer Churfürstl. Sächsischen Kirchen-Ordnung, Codice Augusteo, wie auch anderer berühmten Theologen und Juristen Schrifften, und eigener Erfahrung mitgetheilet.

Der vierdte Unterricht.

Leipzig, 1739.
In Verlag Friedrich Lanckischens Erben.

Aus der Vorrede:

[Ich bin] solche Sachen vorzubringen gesonnen, davon ein Studiosus Theol in seinen Collegiis Academicis wenig oder nichts gehöret. ...

Hier aber habe nur meines wenigen Theils eine kurtze und deutliche Anweisung von dem, was ad praxin gehöret, und sogenannte Pastoralia seyn, communiciret. Wenn nun ein Candid. Minist. jene Collegia Pastoralia gehöret oder gelesen, und diese und jene dabey vorkommende Erinnerung mit angemercket, so wird ihm ein St. Theol. meinen wenigen Unterricht sich desto mehr zu Nutze machen, alles ad praxin desto glücklicher appliciren, und sein künfftiges Amt legal zu führen, lernen können. Und das beweisen ja auch die an- und ausgeführten Capita, die man sonst gar nicht, oder nur etwas davon zerstreuet, lieset, hier aber von mir auf eine practische Art zusammen getragen findet. . . .

Zu dem so ist mein Unterricht dem geehrten Studioso Theol. nur eine Gelegenheit zu einer hinlänglichen Præparation zu seinem künfftigen Amte. So lange er Studiosus, und auch wohl ein Candid. Minist. ist, bekümmert er sich wenig um die Kirchen-Ordnung und Cod. Aug. lieset auch alles ohne gehörige Application, er weiß auch nicht, wie und wo er alles anbringen kan, und soll: kommt er aber zum Werck bey seinem Amte, da wird er sehen, wo es ihm fehlet, und wie er sich dies und jenes zu Nutze machen soll.

Pastoraltheologie ist eine geordnete, Licht und Lust gebende Lehre, wie die Zwecke des Predigtamtes erreicht werden unter bewandten Umständen.
Eine kleine Stütze möchte ich dieser Definition untersetzen mit einer gleichartigen von der Politik, die mir vor Augen gekommen ist. Professor Weber in Tübingen definirt so die Politik: Sie ist die aus Vernunft und Erfahrung geschöpfte Lehre von den Mitteln und der Art, wodurch und wie das Ideal des Staats so vollkommen, als es unter gegebenen Verhältnissen möglich ist, zur Ausführung zu bringen sey.
Was aber mehr Unseres seyn dürfte und eine Thür, durch welche wir den weiteren Eingang zu nehmen hätten in die Pastoraltheologie, das möchte die Darstellung des innerlichen Aufkommens dieser Wissenschaft seyn. Vor welcher Wissenschaft einer steht, ginge bey dem es immer so zu, wie wer vor der Pastoraltheologie stehet und also spricht:
Meine academische Zeit beginnet abzulaufen. Ich habe gehört und studirt, was die Universität zu hören und zu studiren giebt, um mittelst dessen ihre Zöglinge fähig zu machen für das Predigtamt. Bin ich denn nun in der That fähig, ein Predigtamt zu verwalten? kann ich ausreichen mit dem, was ich in meinen Heften und in meinem Gedächtniß habe? Dogmatik, Moral, Exegese, Kirchengeschichte, werden diese vier meinen Wagen ziehn? habe ich genug an ihnen? werden sie mich nach allen den Stätten bringen, da ich zu thun habe, auf der Canzel, am Altar, Taufstein, im Beichtstuhl, an Krankenbetten, Gräbern u.s.w.? Zwar ich habe auch Homiletik, Katechetik, Liturgik, Kirchenrecht gehört, diese sogenannten praktischen Wissenschaften, aber von Männern, die auf den Kathedern stehn, vorgetragen, die mir geben nach der Theorie, welche nicht die Praxis ist, und nach dem Maaß ihrer Praxis, werde ich ausreichen mit deren Gaben? Ich habe doch die göttliche Vocation ins Predigtamt erhalten, in und mit derselben ist mir ein Licht aufgegangen, was Predigtamt sey, was ich zu bauen habe, was ich brechen soll, was ich schonen darf in Geduld, wohin ich, die mir anvertraut worden, zu führen habe, was ich aus ihnen zu machen habe, eben was deine Gnade, o Gott, gemacht hat aus mir, – du willst mich bey Andern brauchen, daß aus ihnen dasselbige werde, – wie greif' ich dieses Werk an? In ganz andre Verhältnisse werd' ich treten, mit Obern und mit Untergebnen werd' ich zu thun haben, mit Menschen, die so verschieden sind nach Stand, Bildung, Vermögen, Lebensalter, Bedürfniß, unter denen, an denen soll ich arbeiten nach bestimmten Vorschriften, die ich lange nicht alle kenne, und nach Vorschriften, die ich mir wol erst selber werde zu machen haben; wie gewinne ich die Widerstrebenden? wie bewahre ich die Gewonnenen und die sich vertrauensvoll mir hingeben? Klein war meine bisherige Welt, bald wird eine große Welt auf mich einstürmen und einströmen; wie benutze ich, was in derselben meine Absichten fördern kann? wie überwinde ich das Hindernde? wie verhalte, wie halte ich selber mich, mich, an den wieder sich Andre, weiß nicht, wie viele, sich halten sollen? – Wornach mit solchen Fragen gefragt wird, was von dem begehrt wird, der so fragt, das ist – was wir so nennen – die Pastoraltheologie.

C. Harms, Pastoral-Theologie. In Reden an Theologiestudirende. Erstes Buch: Der Prediger, wie ihn die Pastoral-Theologie thun lehret, hinsichtlich der Predigt, der Kinderlehre und der Vorbereitung der Confirmanden (1834), 21–23

2. Zweiter Schritt: Ausgewählte praktisch-theologische Handlungsfelder/Problembereiche

Hinweise zu Verständnis und Anlage:

- Die folgenden *»Stichworte«* (die auswahlartig und beispielhaft gemeint sind) sind nicht mit der Benennung von »Fächern« oder »Disziplinen« der Praktischen Theologie zu verwechseln. Sie weisen vielmehr auf *Handlungsfelder/Problembereiche* hin, an deren Analyse und Reflexion jeweils *mehrere* der traditionellen (praktisch-)theologischen Disziplinen (und auch nichttheologische Wissenschaften) beteiligt sind.
- Die folgenden Stichworte stellen auch *keine systematische Aufgliederung* des Gesamtgebiets der Praktischen Theologie dar. Daher sind inhaltliche Überschneidungen in keiner Weise ausgeschlossen, sondern beabsichtigt.
- Die aufgeführten Bereiche unter *»Teilgebiete/Aspekte«* sind *keine systematische Aufgliederung* des jeweiligen »Stichwortes«, sondern eine Liste *ausgewählter* Teilbereiche, beispielhaft, z. T. assoziativ und immer ergänzungsfähig. Inhaltliche Überschneidungen sind dabei selbstverständlich und nötig. – Die jedem »Teilgebiet/Aspekt« angeschlossenen *Literaturangaben* sind bewußt auf jeweils einen Titel beschränkt, und zwar in der Regel auf leicht erreichbare, von denen aus sich weitere ergeben.
- Die Auswahl der Texte zu jedem »Stichwort« ist nicht daran orientiert, *ein bestimmtes* Konzept von Praktischer Theologie zu illustrieren, sondern genau umgekehrt: mit den Texten sollen *verschiedene*, in der Literatur vertretene Auffassungen und Gesichtspunkte auswahlartig und beispielhaft, wo es sich nahelegt auch entgegengesetzte, verdeutlicht werden, um so in die notwendige Problemdiskussion einzuführen. Dabei decken die Texte niemals die ganze Reichweite des »Stichwortes« ab.

Ziele.

Bei jedem Handlungsfeld/Problembereich (»Stichwort«) sind u. a. zu ermitteln:
– historische Aspekte, um Vorgeschichte, Wirkungsgeschichte und die Bedingungen des eigenen Orts zu begreifen;
– das implizite oder explizite Verständnis von Kirche unter den jeweiligen Bedingungen der Gesellschaft;

– das implizite oder explizite Verständnis von Theologie;
– die Überschneidungen mit nichttheologischen Fragestellungen und deren Berücksichtigung (z. B. Pädagogik, Psychologie, Soziologie, Kommunikationswissenschaft usw.).
Auf diese Weise soll schrittweise die über das einzelne Problemfeld hinausgehende Notwendigkeit von *Theoriebildung* erkennbar werden. Die ansatzweise Beschäftigung mit einzelnen Handlungsfeldern/Problembereichen soll zur Frage nach einem *Gesamtverständnis* von Praktischer Theologie führen.

Verfahrensmöglichkeiten für die »Stichworte«:

– Überblicksreferat anhand ausgewählter »Teilgebiete/Aspekte« zur Einführung.
– Vergabe ausgewählter »Teilgebiete/Aspekte« an diverse Teilnehmer mit dem Auftrag, die genannte Literatur zu lesen: als Vorbereitung einer Diskussion des »Stichwortes«, bei der die obengenannten »Ziele« Schwerpunkte bilden (und die früher formulierten Erwartungen an die Praktische Theologie im Hintergrund stehen).

Mögliche Fragestellungen bei der Interpretation der Texte:

– Spiegelt sich die Situation der Kirche in der Gesellschaft im jeweiligen Text?
– welches Kirchenverständnis bestimmt die Aussage?
– läßt sich das Verständnis von Glaube bzw. Religion formulieren?
– welche Rolle spielen nichttheologische Faktoren, wie werden sie berücksichtigt?
– was ergibt ein Vergleich der Texte zum selben Stichwort?
– lassen sich Elemente für ein Gesamtverständnis von Theologie gewinnen, von Praktischer Theologie?
– wird das Verhältnis zwischen Theorie und Praxis thematisiert?
– kommen andere theologische Disziplinen in den Blick?
– usw.

2.1. Stichwort: »Religion«/»Glaube«

Einführung:

H. G. Kippenberg, Artikel: Religion. In: G. Otto (Hg.), Praktisch-theologisches Handbuch (1975²)
J. Matthes, Einführung in die Religionssoziologie I u. II (rde 279/80 + 312/13)
W. D. Marsch (Hg.), Plädoyers in Sachen Religion (1973)
W. Schmidt (Hg.), Die Religion der Religionskritik (1972)
Dahm/Luhmann/Stoodt, Religion – System und Sozialisation (1972)

Teilgebiete/Aspekte:

- Zum Verständnis von Religion
  Lit.: G. Kehrer, Religionssoziologie (Göschen 1228/1968)
- Religion und Gesellschaft
  Lit.: T. Luckmann, Das Problem der Religion in der modernen Gesellschaft (1963)
- Religion und Glaube
  Lit.: K. Barth, Kirchliche Dogmatik I/2 (1945[3]), 304–397
- Religion und Kirche
  Lit.: W. D. Marsch, Plädoyers in Sachen Religion (1973), bes. 17 ff. und 213 ff.
- Religion – Angst – Stabilisierung
  Lit.: J. Scharfenberg, Religion zwischen Wahn und Wirklichkeit (1972)
- Religion im Religionsunterricht
  Lit.: Otto/Dörger/Lott, Neues Handbuch des Religionsunterrichts (1972)
- Religionskritik
  Lit.: Seminarkollektiv (Mainz), Religion und Funktionalismus, in Theologia Practica VIII/1973, 82 ff. (bes. Abschnitt III. Religionskritik, 91 f.)

Texte

Nun ist alle Religion nichts anderes als die phantastische Widerspiegelung, in den Köpfen der Menschen, derjenigen äußeren Mächte, die ihr alltägliches Dasein beherrschen, eine Widerspiegelung, in der die irdischen Mächte die Form von überirdischen annehmen. In den Anfängen der Geschichte sind es zumeist die Mächte der Natur, die diese Rückspiegelung erfahren und in der weiteren Entwicklung bei den verschiedenen Völkern die mannigfachsten und buntesten Personifikationen durchmachen. Dieser erste Prozeß ist wenigstens für die indo-europäischen Völker durch die vergleichende Mythologie bis auf seinen Ursprung in den indischen Vedas zurückverfolgt und in seinem Fortgang bei Indern, Persern, Griechen, Römern, Germanen und, soweit das Material reicht, auch bei Kelten, Litauern und Slawen, im einzelnen nachgewiesen worden ... Auf einer noch weiteren Entwicklungsstufe werden sämtliche natürlichen und gesellschaftlichen Attribute der vielen Götter auf einen allmächtigen Gott übertragen, der selbst wieder nur der Reflex des abstrakten Menschen ist. So entstand der Monotheismus ... In dieser bequemen, handlichen und allem anpaßbaren Gestalt kann die Religion fortbestehn als unmittelbare, das heißt gefühlsmäßige Form des Verhaltens der Menschen zu den sie beherrschenden fremden, natürlichen und gesellschaftlichen Mächten, solange die Menschen unter der Herrschaft solcher Mächte stehn.

F. Engels, Herrn Dührings Umwälzung der Wissenschaft. In: K. Marx/F. Engels, Über Religion (1958), 118 f.

Hypothese: Wenn die Tätigkeiten und Denkformen der Menschen immer weiter rationalisiert werden und die Einübung in die Rationalität im Leben des einzelnen folglich immer weiter vorverlegt wird, dann besteht die Gefahr, daß irrationale Erlebnisse und Vorstellungen einzelner vorzeitig abgedrängt oder oberflächlich rationalisiert werden; sie bleiben unverarbeitet und machen dem Menschen später um so mehr zu schaffen, als es dann keine altersgemäßen Ausdrucksformen, keine »normalen« Verhaltensmuster, keine selbstverständliche Verständigungsmöglichkeit dafür gibt.
Erläuterung: Dieses Problem hat mit der Stelle zu tun, die in der bisherigen Welt für die Mehrzahl der Menschen die Religion eingenommen hat. Die Religion ist nicht selber irrational; wenn man es einmal unternimmt, von ihrem Selbstverständnis abzusehen – das mag unzulässig sein, ist aber möglich –, dann läßt sie sich vielmehr als ein Versuch betrachten, mit dem Irrationalen fertig zu werden, ohne es – wie es der rigorose Rationalismus tut – als nichtig beiseite zu schieben. Die dabei – neben diskursiver »Theologie« – verwendeten mythischen Erklärungen, symbolischen Darstellungsformen, rituellen Handlungen und auf Autorität gründenden Imperative haben eine besondere Affinität zur Erfahrungsweise des Kindes. Das Kind findet die Welt mit magischen – d.h. seine Kräfte und Erkenntnisse übersteigenden – Mächten durchwaltet und sucht nach deren Gesetz und Zusammenhang. In der biblischen Geschichte nimmt diese rätselhafte Welt nun die Form einer Erzählung an, die dem Kind einen eigenen Nachvollzug, eine ihm verläßlich scheinende Deutung der unverstandenen Verhältnisse erlaubt. Sie antwortet mit verständlichen Abfolgen und Gründen auf Fragen wie: Warum bin ich in der Welt und nicht nicht? Warum bin ich ich? Warum und durch was ist die Welt? Warum ist sie nicht gut? Warum hat das Recht so oft keine Macht? Was und wer ist böse – was und wer ist gut? Wo führt das alles hin? – Kann ich geliebt werden?
In der Antwort der biblischen Geschichte liegt Sinn, Beruhigung, Menschlichkeit. Sie übernimmt – wozu Erwachsene von sich aus immer weniger Mut haben – Verantwortung dafür, daß die Welt so ist, wie sie ist. Sie entlastet das Kind von der Notwendigkeit, für ihren Sinn aufzukommen. Vor allem aber kann die biblische Geschichte schrittweise in Theologie – in eine rationale Kritik – überführt werden, wenn das Kind älter ist. Es muß nicht an einem Punkt mit der Kinderwelt gebrochen werden. Die Schöpfungsgeschichte, der Sündenfall, die Lehre und das Leben von Jesus halten nicht von Marx, Darwin, Nietzsche und Freud ab, sondern lenken zu ihnen hin.

H. v. Hentig, Systemzwang und Selbstbestimmung (1969²), 101 f.

Wir denken an Johannes den Täufer auf Grünewalds Kreuzigungsbild mit seiner in fast unmöglicher Weise zeigenden Hand. Diese Hand ist's, die in der Bibel dokumentiert ist.
Doch dieses Phänomen bedarf der Deutung. Indem wir die zeigende Hand bezeichnen und beschreiben als Religion, Frömmigkeit, Erlebnis u. dgl., und

wenn es mit noch so viel Sachkunde und Liebe geschähe, ist für ihre Deutung noch nichts geleistet. Diese wird vielmehr gerade davon auszugehen haben, daß der ganze Vorgang mit den Kategorien der Religionskunde nicht einmal erschöpfend bezeichnet und beschrieben ist, geschweige denn, daß damit etwas gewonnen wäre für das Verständnis der Sache. Es steckt im biblischen Erlebnis ein entscheidendes Element, das läßt sich mit keinen Mitteln psychologischer Einfühlung und Nachkonstruk|tion als Erlebnis anschaulich machen. Die biblische Frömmigkeit ist nicht eigentlich fromm; viel eher müßte man sie als eine wohl überlegte, qualifizierte Weltlichkeit bezeichnen. Die biblische Religionsgeschichte hat die Eigentümlichkeit, daß sie in ihrem Kern, in ihrer tiefsten Tendenz weder Religion noch Geschichte sein will, – nicht Religion, sondern Wirklichkeit, nicht Geschichte, sondern Wahrheit, könnte man vielleicht sagen. Doch wir wollen nicht vorgreifen.

Wir stehen hier vor dem unterscheidenden Merkmal der biblischen Linie gegenüber all dem, was wir sonst Religionsgeschichte nennen. Eine tiefste Tendenz der Jenseitigkeit, der weltlichen Sachlichkeit, der Ungeschichtlichkeit wohnt freilich letzlich allem inne, was wir als »Religion« zu bezeichnen pflegen. Den Inhalt und nicht nur eine Form, die Bewegung und nicht nur die Funktion des Bewegtseins, das Göttliche und nicht nur ein Menschliches, das Leben und nicht ein Heiligtum neben dem Leben meinten und meinen sie zu allen Zeiten an allen Orten. Nur daß auch immer und überall die Untreue gegenüber dieser tiefsten Tendenz unverkennbar ist: Die Religion vergißt, daß sie nur dann Daseinsberechtigung hat, wenn sie sich selbst fortwährend aufhebt. Sie freut sich statt dessen ihres Daseins und hält sich selbst für unentbehrlich. Sie täuscht sich und die Welt über ihren wahren Charakter; sie *kann* es vermöge ihres Reichtums an sentimentalem und symbolischem Gehalt, an interessanten Seelenzuständen, an Dogma, Kult und Moral, an kirchlicher Dinglichkeit. Sie erträgt ihre eigene Relativität nicht. Sie hält das Warten, die Pilgrimschaft, das Fremdlingsein, das allein ihr Auftreten in der Welt rechtfertigt, nicht aus. Sie begnügt sich nicht damit, hinzuweisen auf das X, das über Welt *und* Kirche steht. Sie tut, als ob sie im Besitz überweltlicher und überkirchlicher Goldbarren wäre, und sie fängt in der Tat an, klingende Münzen, sog. »religiöse Werte« auszugeben. Sie tritt als konkurrenzfähige Macht *neben* die andern Mächte des Lebens, als vermeintliche Überwelt *neben* die Welt. Sie treibt Mission, als ob sie eine Sendung hätte. Jene höchst außerordentliche Blickrichtung wird eine mögliche, anerkannte, nicht unpraktische und darum auch nicht unseltene Haltung neben andern. Gottvertrauen wird der erstaunten Welt als ein durchaus erreichbares und ganz nützliches Requisit fürs Leben empfohlen und für die erste beste Gründung unbedenklich in Anspruch genommen. Die zeigende Hand Johannes des Täufers wird eine nicht ungewohnte|Erscheinung – auf Kanzeln. Das Erlebnis des Paulus wird da und dort von ernsten jungen Leuten *auch* gemacht. Das Gebet, diese letzte Möglichkeit, nach der jene von Gott gefangenen Geister in höchster Not oder Freude griffen, wird ein mehr oder weniger anerkannter Bestandteil bürgerlicher Haus- und Kirchenordnung. Ohne zu erröten, redet man von »christlichen« Sitten, Familien, Vereinen und Anstalten. »Gott in uns« – ich in dir, du in mir – warum nicht auch das? Der religiöse Übermut erlaubt sich einfach alles. Als ob es so sein müßte, reiht sich an die

Physik eine Metaphysik. Die Form traut es sich eben zu, für den Inhalt einzustehen. Das Erlebnis wird zum Selbstgenuß, zum Selbstgenügen, zum Selbstzweck. Das Bewegtsein will selbst Bewegung sein. Der Mensch hat das Göttliche in Besitz genommen, in Betrieb gesetzt. Niemand merkt es, niemand will es merken, daß alles auf Supposition beruht, auf einem enormen »Als ob« und *Quidproquo.* Wie kam es nur? Wer ist verantwortlich? Das Volk, das in den Ruf nach Göttern ausbricht, weil es sich in der Wüste gar so verlassen fühlt, oder Moses unvermeidlicher priesterlicher Bruder Aaron, der dem Volke nur allzu gut zu sagen weiß, wie man zu solchen Göttern kommt? Genug, die Religionsgeschichte, d. h. aber die Geschichte der Untreue der Religion gegen das, was sie eigentlich meint, beginnt. Denn *mit dem Moment, wo Religion bewußt Religion, wo sie eine psychologisch-historisch faßbare Größe in der Welt wird, ist sie von ihrer tiefsten Tendenz, von ihrer Wahrheit abgefallen zu den Götzen. Ihre Wahrheit ist ihre Jenseitigkeit, ihre Weltlichkeit, ihre Nicht-Geschichtlichkeit.* Ich sehe hierin das entscheidende Merkmal der Bibel gegenüber der Religionsgeschichte – zu der selbstverständlich vor allem auch die christliche Kirchengeschichte gehört –, daß in der Bibel eine ganz auffallende Linie von Treue, von Beharrlichkeit, von Geduld, von Warten, von Sachlichkeit der unfaßbaren, unpsychologischen, unhistorischen Wahrheit Gottes gegenüber sichtbar wird. Das Geheimnis, auf das der Blick aller Religion gerichtet ist, leistet in der Bibel den menschlichen Versuchen, es zu verraten und zu kompromittieren, erfolgreichsten Widerstand . . .

Die Bibel hat eben nur *ein* theologisches Interesse und das ist rein sachlich: das Interesse an Gott selbst.

Das ist's, was ich die Jenseitigkeit, die Ungeschichtlichkeit, die Weltlichkeit der biblischen Linie nennen möchte. Ein Neues, Unvergleichliches, Unerreichbares, ein nicht nur Himmlisches, sondern Überhimmlisches: *Gott* hat die Aufmerksamkeit dieser Menschen auf sich gezogen. Gott verlangt ihr *volles* Gehör, ihren *ganzen* Gehorsam. Denn er will sich selbst treu sein; er will heilig sein und bleiben. Er will nicht an sich gerissen, in Betrieb und Gebrauch gesetzt sein, er will nicht dienen. Er will herrschen. Er will selbst an sich reißen, beschlagnahmen, betreiben, gebrauchen. Er will keine anderen Bedürfnisse befriedigen als seine eigenen. Er will | nicht Jenseits sein neben einem Diesseits, er will alles Diesseits verschlingen ins Jenseits. Er will nicht *Etwas* sein neben Anderen, sondern das *ganz* Andere, der Inbegriff aller bloß relativen Anderheit. Er will nicht Religionsgeschichte begründen, sondern der Herr unseres Lebens, der ewige Herr der Welt sein. *Darum* handelt es sich in der Bibel. Auch anderswo? Gewiß, auch anderswo. Nur daß das, was anderswo das Letzte, ein erhabener Hintergrund, ein esoterisches Geheimnis und darum doch nur eine Möglichkeit ist, in der Bibel das Erste ist, der Vordergrund, die Offenbarung, das eine, alles beherrschende Thema.

K. Barth, Biblische Fragen, Einsichten und Ausblicke (1920). Zitiert nach: J. Moltmann (Hg.), Anfänge der dialektischen Theologie, Teil I (1966), 58–60 und 63

In seiner letzten öffentlichen Vorlesung in Chicago hat Paul Tillich eine neue Hinwendung der christlichen Theologie zur Religionsgeschichte gefordert,

im Gegensatz zur supernaturalistischen Denkweise, die mit der Einzigkeit der christlichen Offenbarung schon anhebt und darum in geistige Isolierung führen muß, aber auch im Gegensatz zur Frage der Aufklärung nach einer natürlichen Theologie und Religion, die von der Geschichtlichkeit und geschichtlichen Besonderheit des Christentums wie auch der übrigen Religionen abstrahiert . . .
Angesichts der Tatsache, daß die Theologen in ihrer Mehrzahl mit der ›dialektischen Reaktion‹ diesen (= den von Tillich erkannten) Aufgaben . . . den Rücken gekehrt haben, gewinnt die Wendung Tillichs . . . den Sinn eines eindringlichen Omens. Je länger die Theologie auf einem kerygmatischen Ansatz, der keine Befragung des Kerygmas selbst auf seine Wahrheit mehr erlaubt, beharrt, je länger sie sich den drängenden Fragen an das Christentum als Religion unter Religionen, die Troeltsch als erster umfassend in den Blick gebracht hat, verweigert, desto größer muß die Verwüstung sein, die sie beim Erwachen aus ihren kerygmatischen Träumen vorfinden wird.

Anmerkung

Theologische Ansprüche, daß das Christentum keine Religion sei, vielmehr die »Aufhebung« und »Überwindung« der Religionen (so jüngst noch U. Mann, Theologische Religionsphilosophie im Grundriß, 1961, 59f.), dürften dem Atheisten als bloße Zweckbehauptungen gelten, die doch das Christentum der allgemeinen Religionskritik nicht zu entreißen vermögen. Und gegenüber den nichtchristlichen Religionen wird mit solcher souveränen Geste ein Streit als bereits entschieden erklärt, der von der Theologie gerade zu führen wäre, nämlich der Streit um den wahren Glauben. E. Benz hat in seinen »Ideen zu einer Theologie der Religionsgeschichte«, 1960, 36 von der »erschreckenden Selbstisolierung« gesprochen, in die das Christentum durch die unbegründeten Ansprüche der dialektischen Theologie geraten sei, und von der inneren Schwierigkeit einer Position, die den Feuerbachschen Illusionismus zu Hilfe ruft, um sich die Konkurrenz der anderen Religionen vom Halse zu schaffen, für die christliche aber – gegen die Feuerbachs Kritik sich hauptsächlich richtete – einen nichtreligiösen Status postuliert (37).

W. Pannenberg, Grundfragen systematischer Theologie (1967), 252f.

2.2. *Stichwort: »Kirche«/»Gesellschaft«*

Einführung:

W. D. Marsch, Artikel: Kirche
G. Kehrer, Artikel: Gemeinde
beide in: G. Otto (Hg.), Praktisch-theologisches Handbuch (1975²)
P. Neuenzeit (Hg.), Die Funktion der Theologie in Kirche und Gesellschaft (1969)

G. Otto, Kirche und Theologie (1971, bes. 44 ff.)
W. Huber, Kirche und Öffentlichkeit (1973)
H. Hild (Hg.), Wie stabil ist die Kirche? (1974)

Teilgebiete/Aspekte:

- Katholisches/evangelisches Kirchenverständnis
  Lit.: H. Küng, Die Kirche (1967)
  T. Rendtorff, Kirche und Theologie (1966)
- Kirche/Gemeinde als soziologische Größen
  Lit.: G. Kehrer, Religionssoziologie (1968)
- Volkskirche/Freikirche
  Lit.: W. D. Marsch, Institution im Übergang (1970)
- Kirchenreform
  Lit.: R. Dross u. a. (Hg.), Kritische Kirche (1969)
- Kirche und Gesellschaft
  Lit.: J. Matthes, Die Emigration der Kirche aus der Gesellschaft (1964)
- Kirche und Demokratie
  Lit.: Strohm/Wendland (Hg.), Kirche und moderne Demokratie (1973)
- Kirche und Politik
  Lit.: H.-E. Bahr u. a., Die sogenannte Politisierung der Kirche (Stundenbuch 82/1968)
- Kirchenrecht
  Lit.: M. Klein/P. Schneider, Artikel: Kirchenrecht. In: G. Otto, Praktisch-theologisches Handbuch (1975²)

Texte

In der Kirche haben also *Suche* und *Frage* und *Auseinandersetzungen* um der Menschen willen ihren Ort. Nicht Ausgabestelle ewiger Antworten ist die Kirche, sondern Anwalt notwendiger Fragen. Von daher werden wir mancher sehnsuchtsvollen Vorstellung von der inneren Einheit der Kirche – die es so harmonisch, wie das mancher denkt, wohl nie gegeben hat – besser heute als morgen den Abschied geben. Vielfalt macht reich. Aber Vielfalt verpflichtet auch dazu, aufeinander zu hören und voneinander zu lernen – oder aber die Wahrheit wird der Kirche den Abschied geben.
Sodann: Unser bewußtes oder unbewußtes *Bild* von Kirche, unsere Hoffnungen und Erwartungen bedürfen der Überprüfung. Zu oft verbinden sich bei uns mit der Kirche die Vorstellungen: Ruhe gegenüber der Unruhe der Welt; Geborgenheit, Sicherheit gegenüber einer Welt, die sich unablässig verändert. Diese Wünsche sind ungemein verständlich, und wer könnte sagen, daß sie ihm ganz fremd wären? Aber es kann nicht Sache der Kirche sein, solche Wünsche zu erfüllen. Eine Kirche, die sich in diesem Gegenüber versteht, würde ja die Welt allein lassen. Wie sollte dann Wahrheit konkret wer-

den? Nein, solange Welt so ist, *muß* Kirche sich, müssen *wir* in der Kirche uns anders verstehen. Kirche ist der Ort in der Welt, an dem der *Motor*, der *Beweger* in Gang gehalten werden muß. Motor, Beweger wofür? Für menschlicheres Leben, für etwas so Elementares wie ein bißchen weniger Angst und Not und ein bißchen mehr Glück für *alle* Menschen. Kirche muß, so verstanden, ein *unruhiger* Ort sein, denn es gibt zu viel, was unerledigt ist, obwohl es mancher gern ablegen würde. Kirche ist nicht ruhige Heimat, sondern unruhige Durchgangsstation.
Darum, wer in der Kirche ist, ist einer, auf den ein Wort aus einem Gedicht der jüngst verstorbenen Nelly Sachs zutrifft; ein Wort, das oft Härte nach sich ziehen und Verzicht einschließen wird – das aber nichtsdestoweniger eine biblische Grundauffassung poetisch erfaßt. Es lautet: »Anstelle von Heimat halte ich die Verwandlungen der Welt.«
Da ist Kirche.

G. Otto, Kirche und Theologie (1972), 76

Als *theologische Basis* unseres Themas möchte ich die These vortragen: *Kirche muß sich verstehen und bewähren als öffentliche Zeugin und Tradentin einer gefährlichen Freiheitserinnerung in den »Systemen« unserer emanzipatorischen Gesellschaft.* Diese These fußt auf der memoria als fundamentaler Ausdrucksform des christlichen Glaubens und auf der zentralen und besonderen Bedeutung der Freiheit in diesem Glauben. Im Glauben vollziehen wir Christen die memoria passionis, mortis et resurrectionis Jesu Christi; glaubend erinnern wir uns an das Testament seiner Liebe, in der die Herrschaft Gottes unter uns Menschen gerade dadurch erschien, daß die Herrschaft zwischen den Menschen anfänglich niedergelegt wurde, daß Jesus sich selbst zu den Unscheinbaren, den Ausgestoßenen und Unterdrückten bekannte und so diese kommende Herrschaft Gottes gerade als befreiende Macht einer vorbehaltlosen Liebe kundtat. Diese memoria Jesu Christi ist nicht eine Erinnerung, die trügerisch dispensiert von den Wagnissen der Zukunft. Sie ist nicht etwa eine bürgerliche Gegenfigur zur Hoffnung. Im Gegenteil, sie enthält gerade eine bestimmte Antizipation der Zukunft als einer Zukunft der Hoffnungslosen, der Gescheiterten und Bedrängten. So ist sie *eine gefährliche und befreiende Erinnerung*, die unsere Gegenwart bedrängt und in Frage stellt, weil wir uns in ihr nicht an irgendeine offene, sondern eben an diese Zukunft erinnern und weil sie uns zwingt, uns ständig selbst zu verändern, um dieser Zukunft Rechnung zu tragen. Solche bestimmte Erinnerung durchbricht aber den Zauberkreis des herrschenden Bewußtseins. Sie reklamiert Geschichte nicht nur als Projektionskulisse gegenwärtiger Interessen. Sie mobilisiert Überlieferung als gefährliche Überlieferung und damit als kritisch-befreiende Potenz gegenüber der Eindimensionalität herrschenden Bewußtseins und gegenüber der Sicherheit jener, »deren Stunde immer da ist« (Joh. 7,6). Sie erhebt immer neu den Verdacht, daß die sogenannten »Plausibilitätsstrukturen einer Gesellschaft« (nach P. Berger) durchaus »Verblendungszusammenhänge« (nach K. Marx) sein können. Und sie weigert sich, die Relevanz ihrer Kritik an dem zu messen, was »ein etwas schläfriger älterer Geschäftsmann nach dem Mittagessen« für selbstverständlich und relevant hält und was nicht selten als heimliches Kriterium für Rationalität und Realitätssinn fungiert. Christlicher Glaube kann und muß m. E. als solche Subversive memoria gesehen werden, und Kirche ist gewissermaßen die Form ihrer Öffentlichkeit. Die kirchlichen Lehr- und Bekenntnisformeln sind Formeln, in denen sich dieses gefährliche Gedächtnis öffentlich buchstabiert. Kriterium ihrer genuinen Christlichkeit ist dabei die befreiende, aber auch erlösende Gefährlichkeit, mit der sie die erinnerte Freiheit Jesu in die gegenwärtige Gesellschaft und deren Bewußtseinsformen und Lebenspraxen einbringen.

J. B. Metz, Zur Präsenz der Kirche in der Gesellschaft. In: Die Zukunft der Kirche. Berichtband des Concilium-Kongresses 1970 (1971), 87f.

»Jesus verkündete das Reich – und was kam, war die Kirche«, so lautet ein berühmter kirchenkritischer Ausspruch, der das Problem dieses Kriteriums recht genau bezeichnet: Aus dem Wirken Jesu ist der Ruf in eine neue Gemeinschaft, das Reich Gottes, nicht wegzudenken. Das Evangelium verbindet Menschen, gibt ihnen eine neue gemeinsame Basis. Das Reich Gottes symbolisiert universal heile Lebensverhältnisse, Gerechtigkeit und Frieden, Freiheit von Entfremdung, ja auch vom Tode. Die Hoffnung über Tod und Leiden – das Kreuzesleiden Jesu, des Repräsentanten Gottes – hinaus, die sich im Glauben an den auferweckten und wiederkommenden Herrn dokumentierte, verband sich mit der Hoffnung auf das universale Reich. Dieses Reich jedoch kam nie – ebensowenig wie der auferweckte Christus historisch dingfest zu machen ist. Als ein transzendental-utopischer (das heißt historisch-soziologisch nicht verifizierbarer) Zukunftshorizont legimierte *und* überschritt dieser Reich-Gottes-Glaube alles, was an historischer Gemeinschaftsbildung aus dem Wirken Jesu hervorging: in der Kirche. Sie ist, in ihren höchst vielfältigen kulturgeschichtlichen Ausprägungen und Organisationsformen, immer ein Ergebnis des Kompromisses gewesen: zwischen jener universalen Reichs-Hoffnung und der Anpassung an die sozio-religiösen Bedürfnisse einer jeden Zeit. Seit der Aufklärung hat man sie darum – als rechtlich-politische Institution, die sie ist – als ›Religionsgesellschaft‹ bezeichnet: als in Gesellschaft organisierte Religion, mag sie sich nun mehr subkulturell (als Verein oder freie Assoziation) von der Umwelt abgrenzen oder ihren Auftrag gesamtgesellschaftlich (als Volkskirche und ›Kirche für die Welt‹) verstehen. In soziologischer Betrachtung ist es evident, daß Religion als gesellschaftliches Phänomen dahin tendiert, institutionelle Form anzunehmen, sich zu organisieren: Sie verwaltet Riten und Kultus, entwickelt Ämterhierarchien und Teilhabe-Regeln; sie wird als Konkurrent oder Partner der öffentlichen Hand zu einem gesellschaftlichen Machtfaktor und -verwalter. In alledem nimmt sie sich der Funktionen an, die gesellschaftlich der Religion zugeschrieben werden: Integration, Kompensation, Wertvermittlung, Lebenshilfe. Nur indem sie dies tut, kann sie jene universale Reich-Gottes-Hoffnung weiter verkörpern. Sie muß, in jeder Gegenwart neu, Religion im Sinne Jesu interpretieren. . . .

Jede Theorie von Kirche, oder auch ein praktisches Engagement in ihr, muß sich ferner mit der Tatsache auseinandersetzen, daß sie als ein Agent dessen gilt, was man ›civil religion‹ nennt: ein Syndrom aus Gottesglauben, nationaler Kohäsion und bürgerlich allgemein akzeptierten ›guten‹ Werten. Zumal in volkskirchlich oder freiwilligkeitskirchlich fest etablierten Verhältnissen (wo also die Kirche nicht in belangloser Minderheit, offiziell unterdrückt, sondern wohlwollend geduldet bis öffentlich akzeptiert existiert) ist es gar nicht zu umgehen, daß sie die ›civil Religion‹ mit trägt und verantwortet: als Repräsentant der ›sittlichen Ordnung‹, als Hüter der Hoffnung auf ein besseres Leben, als Nothelfer in Krisen, die das Ganze einer Gesellschaft betreffen. Es kann dann nur darum gehen, diese ›civil religion‹ kritisch, im Lichte der Reich-Gottes-Botschaft Jesu, zu interpretieren – nicht aber darum, sie zu leugnen oder als unwesentliche Bagatelle, als religiöses Allotria zu behandeln.
Als Kriterium christlicher Religion ergibt sich also in dieser Hinsicht: Solange der Mensch, als endliche Freiheit verstanden, religiöse Bedürftigkeiten auch gesellschaftlich organisieren muß, ist Kirche als ›Religionsgesellschaft‹ legitimiert. Sie kann nicht der Meinung sein, sich prinzipiell als ›neue Welt‹, »neue Menschheit« zu verstehen und sich damit von der ›alten Welt‹, der Schöpfung abzusetzen – sie ist vielmehr ein Teil jener. Allerdings muß *in ihr* das Neue, eben die Reich-Gottes-Hoffnung, wie Jesus sie ausgelöst hat, an Lebensraum gewinnen können. Christlich kann die ›Religionsgesellschaft‹ nur dann genannt werden, wenn sie jene verkündet, fördert, mindestens durch ihre Organisation religiöser Bedürftigkeiten nicht verhindert.

W. D. Marsch, Zur theologischen Interpretation von Religion. In: Ders. (Hg.), Plädoyers in Sachen Religion (1973), 224–226

Kirche und Gesellschaft zusammenzudenken, ist auf dem Hintergrund der jüngeren theologischen Diskussion zur modischen Banalität geworden. Dabei Gesellschaft nicht als dingfest zu machendes Faktum, sondern wesentlich als dialektischen Prozeß zu begreifen, dem kein »Faktum«, auch Kirche nicht, äußerlich bleibt, das vielmehr das konkret Einzelne bestimmt, wie es von eben diesem wiederum bestimmt wird, Gesellschaft also als Totalität zu begreifen, die sich aus Antagonismen entwickelt, dies ist für die jüngere theologische Diskussion allerdings zu einem altmodischen Ideologem des Vorjahrhunderts heruntergekommen.
Was frommer Glaube oder Positivismus auseinandergerissen haben, versucht die jüngere theologische Diskussion mühsam wieder zusammenzuflikken: Kirche und Gesellschaft; Kirche und Öffentlichkeit. Allenthalben wird die Hinwendung der Kirche zur Gesellschaft, ihre Verantwortung für die Gesellschaft, die Veränderung kirchlicher Strukturen im Hinblick auf den gesellschaftlichen Wandel gefordert. Eine unausgesprochene Theorie der verspäteten Kirche, die hinter den kirchenkritischen und kirchenreformerischen Beiträgen der jüngeren theologischen Diskussion zu lesen ist, bedauert die derzeitige Unfähigkeit der Kirche, sich auf die Modernität der Gesellschaft einzustellen. Als Maßstab der Beurteilung gilt dabei zunehmend der

Begriff der *Öffentlichkeit:* Inwieweit stellt oder entzieht sich Kirche der Öffentlichkeit? Inwieweit haben die Prinzipien der Öffentlichkeit, wie sie im gesamtgesellschaftlichen Bereich mehr oder weniger Gültigkeit haben, auch in den kirchlichen Bereich Eingang gefunden? Kirche in die Öffentlichkeit und Öffentlichkeit in die Kirche zu bringen, erscheint als die unerläßliche Voraussetzung dafür, daß die Kirche wieder Anschluß an die Gesellschaft gewinnt, d. h. Gesellschaft in ihrer gegenwärtigen konkreten Gestalt wieder Gegenstand kirchlichen Denkens und Handelns wird und daß eben dieses Denken und Handeln für diese Gesellschaft relevant wird.
Wird das Problem »Kirche und Gesellschaft« als Frage des hinreichenden Öffentlichkeitsbezuges gestellt, dann ist schon im Ansatz das verhindert, was die Erörterung dieses Problems bewirken sollte: die Aufhebung der Diastase von Kirche und Gesellschaft. Durch diese Fragestellung wird nämlich das unterschlagen, was zuvor erkannt und analysiert werden müßte: zum einen, daß Kirche immer schon Teil hat an dem, was als Öffentlichkeit beschworen wird; und zum anderen, daß das christlich-kirchliche Moment der bestehenden Öffentlichkeit nicht untersucht werden kann, bevor nicht diese selbst als ganze, in der historischen Reflexion auf Anspruch und Wirklichkeit von Öffentlichkeit, überhaupt erst zum Problem geworden ist. Denen, die von der Kirche fordern, daß sie sich der Öffentlichkeit nicht entziehen dürfe, sondern nur in Rücksicht auf diese denken und handeln könne, ist daher die Frage entgegenzuhalten: Wie ist es denn um diese Öffentlichkeit beschaffen, in der Kirche denken und handeln soll? Welchen geschichtlichen Wandel hat die Realität der in der liberalen Ära des Bürgertums zum allgemeinen Vernunftprinzip generalisierten Öffentlichkeit seit dem letzten Jahrhundert durchgemacht? Kann sich Kirche überhaupt auf die bestehende Öffentlichkeit einlassen, ohne zu prüfen, mit welchem Ausmaß an Unterdrückung von Dialog und Öffentlichkeit die bestehende Gestalt von sogenannter Öffentlichkeit verknüpft ist? Die aktuelle Resonanz, die das Öffentlichkeitspostulat gerade in jenen kirchlichen und theologischen Kreisen findet, deren Denken und Handeln als technokratisch zu bezeichnen ist (s. u.), ist verdächtig.

H. Luther, Kommunikationszerstörung. In: Theologia Practica VI/1971, 297 f.

2.3. *Stichwort: »Kommunikation«/»Emanzipation«*

Einführung:

D. Baacke, Artikel: Kommunikation. In: G. Otto (Hg.), Praktisch-theologisches Handbuch (1975²)
P. Watzlawick u. a., Menschliche Kommunikation. Formen, Störungen, Paradoxien (1969)
W. Schramm (Hg.), Grundfragen der Kommunikationsforschung (1968²)
C. Cherry, Kommunikationsforschung – eine neue Wissenschaft (1967²)
G. W. Rammenzweig, Kirche zwischen Bürokratie und Demokratie. Kommunikations- und Entscheidungsprozesse (1975)
Breit/Höhne (Hg.), Die provozierte Kirche (1968)

Teilgebiete/Aspekte:

- Kommunikation und Interaktion
  Lit.: E. Goffmann, Interaktionsrituale (1971)
- Kommunikative Kompetenz
  Lit.: D. Baacke, Kommunikation und Kompetenz (1973)
- Kommunikationszerstörung
  Lit.: H. Luther, Kommunikationszerstörung, in: Theologia Practica VI/1971
- Kommunikation und Wirkung
  Lit.: O. W. Haseloff, Über Wirkungsbedingungen politischer und werblicher Kommunikation, in: Ders. (Hg.), Kommunikation (1971²)
- »Kognitive Dissonanz«
  Lit.: L. Festinger, Die Lehre von der »kognitiven Dissonanz«, in: W. Schramm (Hg.), s. o.
- Informationstheorie
  Lit.: H. D. Bastian, Kommunikation (1972)
- Massenmedien
  Lit.: G. Maletzke, Psychologie der Massenkommunikation (1963)
- Nichtsprachliche Kommunikation
  Lit.: D. Kerbs, Das Ritual und das Spiel, in: Ästhetik und Kommunikation, 1. Jahrg. 1970

(Kommunikation und Verkündigung: s. »Mitteilung«)
(Kommunikation und Gottesdienst: s. »Gottesdienst«)

Texte

Das wohl geläufigste Verständnis von Kommunikation wurde von den Ergebnissen amerikanischer Kommunikationsforschung geprägt: Kommunikation als Übertragung von Information bzw. Sinn. Dieses Erklärungsmodell besitzt, obwohl (oder gerade weil) es dem technischen Muster elektronischer Nachrichtenübermittlung folgt, einen hohen Grad an Formalisierung, der es ihm ermöglicht, auf interpersonelle Kommunikation, auf gruppen- und institutionenbezogene Kommunikation, auf technische wie nicht-technische Kommunikation gleichermaßen anwendbar zu sein. Die konstitutiven Größen des Kommunikationsablaufes – Sender, Empfänger; Medium (Kanal); Feld; Zeichen, Code; Information, Sinn, Bedeutung; – gelten in den unterschiedlichen Kommunikationstypen als funktionell identisch. Sie variieren nur in ihren akzidentellen Merkmalen, die ihrerseits auf die Funktion von Kommunikation, Informationsübertragung, hin formalisiert werden, so daß in dieser Hinsicht technische Störungen eines Rundfunksenders von ›psychischen Störungen‹ eines Sprechers qualitativ nicht unterschieden werden können.
Gegen dieses theoretische Modell von Kommunikation lassen sich nun etliche Einwände geltend machen, die die Legitimität der Generalisierung eines

primär technisch konzipierten Modells zu einem allgemeinen (individuell und sozial relevanten) kommunikationstheoretischen Modell erheblich in Frage stellen:

1. unterstellt das Modell der Informationsübertragung die schwerlich zu erweisende Möglichkeit, Kommunikationsinhalt und Kommunikationsmedium (Form) analytisch exakt trennen zu können, d. h. den Inhalt als Konstante von den Variablen der jeweiligen Medien abstrahieren zu können. Damit zusammenhängend impliziert es

2. »die Identität des zu Übertragenden und damit die Aufgabe des Besitzes bei Weitergabe, also irgendeine Form von Summenkonstanz« (Luhmann),

3. verengt dieses Modell die Problematisierung von Kommunikation auf den Aspekt der Information.

Probleme der Konsensfindung, der Bewußtseinsbildung (Identität und Veränderung von Bewußtsein; reziproke Konstitution von Selbstbewußtsein), des Entstehens von Solidarität und der Handlungsinitiierung fallen völlig aus dem Blick oder treten hinter dem Problem der Übertragung von Information als Sekundärprobleme variablen Inhalts zurück.

4. Unterscheidet dieses Modell nicht zwischen individueller und sozialer Kommunikation. Anders formuliert: auch die Kommunikation, die nicht zwischen einzelnen Individuen abläuft, begreift es nach dem Modell von Kommunikation zwischen zwei einzelnen isolierten Größen (A und B), nicht aber als Kommunikation zwischen bewußtseinsfähigen Subjekten, als die intersubjektive Kommunikation zwischen Ego und Alter. Der intersubjektive Gesamtzusammenhang ›Gesellschaft‹ kann somit nicht als ein kommunikativer begriffen werden, da es zur Größe Gesellschaft (A) keine Größe B gibt. Den Umschlag der Dialektik von Alter–Ego in das Wir kann dieses Modell begrifflich nicht erfassen.

5. unterscheidet dieses Modell nicht zwischen aktuellem und latentem Kommunikationsprozeß. Es hat einen unhistorischen Begriff von Kommunikation. Das Modell übersieht die Tatsache, daß neben (vor und parallel zu) jedem aktuellen kommunikativen Prozeß (Sprechakt; Handlungsakt) die Verobjektivierung eines zuvor gelaufenen Kommunikationsprozesses in Gestalt von (z. B.) Sprachmustern, Höflichkeitsformen, visuellen Environments (Kleidung, Architektur) etc. gegenwärtig ist und die aktuelle Kommunikation prädisponiert. Diese latenten Objektivationen von Kommunikation können sowohl individuell-biographischer Art sein wie auch gesellschaftlich-geschichtlicher Art. Sofern die Gewalt dieser Objektivationen zur Verzerrung von Kommunikation führt, bedarf die Aufklärung dieser so verzerrten Kommunikation – im ersten Falle – der psychoanalytischen Anamnese, – im zweiten – der historisch-emanzipatorischen Ideologiekritik.

6. reflektiert dieses theoretische Modell von Kommunikation nicht auf die (geschichtlich-gesellschaftlich vermittelte) Bedingungsmöglichkeit von Kommunikation: das Interesse an Emanzipation (vgl. Habermas).

Medienforscher, Politikwissenschaftler, Organisationstheoretiker, Linguisten etc. beginnen dieses kommunikationstheoretische Modell mehr oder weniger zentral in ihre Theoriebildung einzubeziehen; Wissenschaften also, deren unmittelbarer anwendungsorientierter Bezug unverkennbar ist. Die

Tatsache, daß dieses Modell sich manipulativen, außengesteuerten Sozialstrategien der Herrschaftsstabilisierung (wie Werbung, Propaganda, Therapie, Konfliktvermeidungs- bzw. -lösungsstrategien etc.) besonders leicht dienstbar machen läßt, d. h. die Tatsache ihrer beachtlichen technokratischen Verwertbarkeit, darf nicht unabhängig vom Modell (der Theorie) selber betrachtet werden, sondern muß als in den Voraussetzungen des Modells angelegt, eben diese Theorie selber, nicht erst ihre Verwendung, problematisieren.

H. Luther, Kommunikation und Gewalt (1973), 14–17

In der Physiologie lernt der Mensch nicht zu verdauen und in der Psychologie nicht zu empfinden. Sitze also keiner der Vorstellung auf, es mache die Kommunikationstheorie ihn zum verständigen Wesen. Wie ja überhaupt »Kommunikation« zunächst nicht allein menschliche meint. In seiner umgangssprachlichen Bedeutung verstehen wir den Begriff zwar, als sei damit immer eine Beziehung zwischen Menschen angesprochen; der Begriffsumfang ist jedoch wesentlich größer. Er soll hier auch nicht irgendwelcher Simplifizierungstendenzen halber eingeschränkt werden.

Bereich der Kommunikation

Eine Ente kann durch entsprechendes Schnattern ihre Küken zu bestimmten Verhaltensweisen bringen. Durch Röhren und gewisse Bewegungen fordert ein Hirsch seine Konkurrenten heraus. Der Ruf des Eichelhähers ist selbst für Tiere ganz anderer Gattung das Zeichen für eine sich nähernde Gefahr.

»Eine der faszinierendsten tierischen Zeichensysteme, die man bisher erforscht hat, ist das der Bienen. Die Pionierarbeiten Karl von Frischs veranschaulichen die, verglichen mit der menschlichen Sprache, fixierte Form derartiger Systeme. Wir können uns endlos über alle möglichen Themen unterhalten, die Bienen jedoch vermögen nur einen Gegenstand zu erörtern – Futter, und wo es zu finden ist. Die Bienen stellen Zeichen durch merkwürdige Bewegungsformen dar, durch eine Art ›Tanz‹ auf den vertikalen Waben ihres Stockes. Es gibt zwei unterschiedliche Formen des Tanzes. Die erste dient als Hinweis, daß in unmittelbarer Nähe des Stockes eine Nahrungsquelle ist. Die Biene, an der Nektar und Blütenstaub der von ihr gefundenen Blumen haften, läuft in kleinen Kreisen umher – erst in einer Richtung, dann in einer anderen – und weckt so die Aufmerksamkeit der übrigen Bienen, die nun den Nektar und Blütenstaub riechen und davon kosten. Durch den zweiten Tanz wird eine Futterquelle angezeigt, die sich in weiterer Entfernung befindet. Dieser Tanz ist noch erstaunlicher; hier beschreibt die Biene eine Acht und bewegt ihren Hinterleib mit einer Geschwindigkeit, die von der Entfernung des Futters abhängt. Dabei gibt die auf die Vertikale bezogene Achse der Figur die Richtung der Futterquelle in bezug auf die Sonne an.«

»Signale zwischen Lebewesen gleicher und auch verschiedener Arten sind so verbreitet wie das Leben. Die Eizelle sendet chemische Signale und lockt Sa-

menzellen an; höher entwickelte Organismen locken den Geschlechtspartner an, sie müssen Feinde entdecken und ihnen möglichst aus dem Wege gehen, umgekehrt aber ihre Beute finden und fangen. Ebenso müssen die Lebewesen viele Signale aus der unbelebten Umwelt empfangen und auswerten, Signale, die angeben, wo oben und unten ist, wo die richtige Feuchtigkeit, wo die günstigste Temperatur herrscht; Zugvögel entnehmen den Gestirnen die Himmelsrichtung, der Mistkäfer findet auf einer spezifischen Geruchsspur zum Aas usw. Das letzte Beispiel zeigt schon, daß die Signale, die aus der unbelebten Welt kommen, nicht prinzipiell von denen verschieden zu sein brauchen, die der Verständigung zwischen Lebewesen dienen. Aasblumen etwa duften wie Aas und locken damit Aasinsekten an. Dennoch gibt es kompliziertere Signale bis hin zur umstrittenen Sprache der Tiere als möglicher Vorstufe der menschlichen Sprache.«
Diese wenigen Beispiele belegen bereits, wie umfassend der Begriff »Kommunikation« zu verstehen ist. In fast allen vorliegenden Untersuchungen neigen die Autoren vorschnell dazu, den Begriffsumfang zu verengen und begeben sich damit entscheidender analytischer Möglichkeiten. Generell trifft man zwei Arten solcher Handbarmachung.
(A) Einmal wird der Bereich der Kommunikation reduziert auf den menschlichen.
Ein solcher Ansatz leugnet einfach die Großzahl bestehender und z.T. exakt nachgewiesener Ähnlichkeiten und Übereinstimmungen in den formal erfaßbaren Aspekten menschlicher *und* tierischer Kommunikation.
(B) Zum anderen wird der spezifische Bereich der menschlichen Kommunikation direkt abgeleitet aus Formen tierischen Verhaltens.
Hierbei wird auf Grundlage von Disziplinen wie Anthropologie, Linguistik, Lernpsychologie, Physiologie, Biochemie, Bioakustik etc. eine Art Zoo-Semiologie entwickelt, die auf Grund ihres evolutionistischen Ansatzes eines der entscheidensten Kriterien der menschlichen Kommunikation, nämlich der Reflexivität der Sprache, nicht hinreichend zu erklären vermag.

Beide Weisen erscheinen nicht als ausreichend begründet. *Wir definieren hier darum den Begriff »Kommunikation« in seinem weitesten Sinne als einen Übermittlungsprozeß von Signalen.*

Einteilung der Kommunikation

Kommunikation kann abgeschlossen sein oder unvollendet. Als unvollendete Kommunikation läßt sich ganz allgemein der Versuch bezeichnen, einen Vermittlungsprozeß ohne einheitliches Signalsystem zu erreichen. Wir müssen nicht eigens beweisen, daß in solchem Begriff keinerlei analytische Möglichkeiten liegen. Es ist evident, daß nur der abgeschlossenen Kommunikation ein weiterführender Sinn zukommt. Das bedeutet, es muß für die von einem beliebigen Sender verbreiteten Signale auch einen Empfänger geben. Wenn Sender und Empfänger über das nämliche Signalsystem verfügen, kann eine Signalübertragung stattfinden. Folgende wichtige Elemente sind also für das Zustandekommen von Kommunikation konstitutiv:

(A) eine Koppelung von Sender (Kommunikator) und Empfänger (Rezipient oder Kommunikant). Sie stellt die einfachste kommunikative Beziehung dar; doch hat sie selbst wieder eine wichtige Voraussetzung. Denn sie wird erst möglich durch

(B) ein Medium. An ihm müssen sowohl Sender als auch Empfänger teilhaben. Es heißt »Signalvorrat« eines Kommunikationssystems.

Hinzu kommt ein weiteres mögliches Moment. Sender und Empfänger nehmen ihre Beziehungen zu einem bestimmten Zeitpunkt auf. Sie standen aber zuvor schon in diversen anderen Beziehungen. Es ist möglich – nicht notwendig –, daß sie Erfahrung gesammelt haben. Sollte dies der Fall sein, dann besteht – entsprechend einer dafür notwendigen Speicherkapazität –

(C) ein spezifisches Vorverständnis und, dadurch bedingt, eine bestimmte Erwartungshaltung bezüglich eines jeden neuen Kommunikationsvorganges.

Es gibt nun verschiedene Ebenen der Einteilung des Kommunikationsbereiches. Hinsichtlich dieser Möglichkeiten herrscht keine einheitliche Begriffsbildung. Wir verzichten darum darauf, die Problematik hier eingehender zu diskutieren. Wir wählen hinsichtlich unserer Fragestellung eine Teilung in humane und nichthumane Kommunikation. Beide Arten teilen natürlich eine ganze Reihe von Bestimmungen. Das qualitative Unterscheidungskriterium ist der spezifisch menschliche »Signalvorrat«, die »Sprache«. Es gibt eine relativ große Zal von Kriterien, mit denen sich »Sprache« als besonderer »Signalvorrat« von anderen unterscheiden läßt; deren wichtigstes ist jedoch sicherlich die Reflexivität (s.o.) des menschlichen »Signalvorrates«. D.h., die »Sprache« kann sich selbst zum Gegenstand nehmen. Es gibt sprachliche Metasysteme.

Ein weiteres Spezifikum der Sprache sind deren Signale, die »Zeichen«. »Zeichen« sind Signale, die nicht nur in einer Beziehung zwischen Kommunikator und Kommunikant stehen, sondern auch noch in einer Beziehung zu den bezeichneten Objekten, Sachverhalten etc. »Zeichen« sind immer sprachlich. Andere Zeichen gibt es nicht.

Das Gebiet der Humankommunikation läßt sich zunächst nach klassischer Manier in drei Sphären einteilen: die syntaktische, die semantische und die pragmatische. Wir definieren deren Verknüpfungen gemäß folgendem Schema:

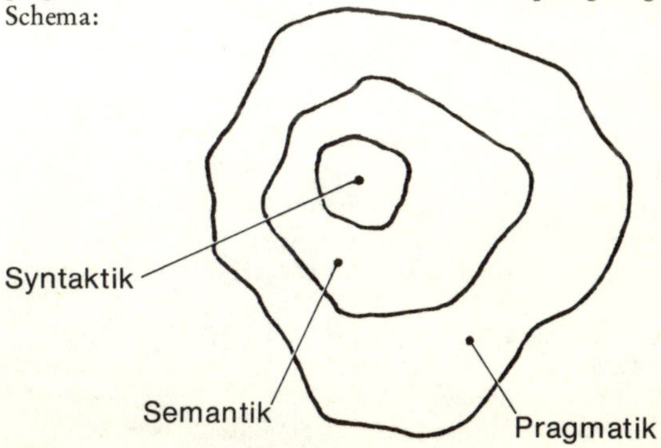

Von »Humankommunikation« soll nur die Rede sein, wenn wir vom Gesamtsystem handeln, also zusätzlich zu den syntaktischen Regeln (d. s.: Beziehungen zwischen Zeichen) und den semantischen Regeln (d. s.: Beziehungen zwischen Zeichen und Dingen, Tatbeständen etc.) auch noch die pragmatischen Regeln (d. s.: Beziehungen zwischen den Zeichen und deren Benutzern) berücksichtigen. Über das Gesamtsystem liegen bislang die am wenigsten verbindlichen Untersuchungen und Theoreme vor. Mehr Materialien sind zu finden, wenn wir den pragmatischen Bereich vorläufig ausschalten wollten, um uns mit dem Problem der Semantik zu befassen. Noch detailliertere Forschungsergebnisse liegen schließlich vor für den Bereich, der auch die Bedeutung der Zeichen ausschließt.

W. D. Hund, Kommunikation in der Gesellschaft (1972[2]), 60–63

2.4. Stichwort: »Pfarrer« / »Amt«

Einführung:

Y. Spiegel, Artikel: Pfarrer
In: G. Otto (Hg.), Praktisch-theologisches Handbuch (1975[2])
Goldschmidt/Spiegel (Hg.), Pfarrer in der Großstadt, 4 Bde. (1969 ff.)
G. Schmidtchen, Priester in Deutschland (1973)
K. W. Dahm, Beruf: Pfarrer (1971)

Teilgebiete/Aspekte:

- Ausbildung/Fortbildung
  Lit.: W. Herrmann/G. Lautner, Theologiestudium – Entwurf einer Reform (1965)
- Amt und Ordination
  Lit.: H. Ammer u. a., Gemeinde – Amt – Ordination. Votum des Ausschusses der EKU (1970)
- Rechtsstellung
  Lit.: vgl. Kirchenordnungen und Pfarrergesetze der Landeskirchen
- Stellung in der Gesellschaft
  Lit.: G. Wurzbacher (Hg.), Der Pfarrer in der modernen Gesellschaft (1960)
- Pfarrer und Politik
  Lit.: K. W. Dahm, Pfarrer und Politik (1965)
- Pfarramt – Funktionen, Typen, Tätigkeitsbereiche
  Lit.: H.-D. Bastian (Hg.), Kirchliches Amt im Umbruch (1971)
- Neuere Konzeptionen
  Lit.: Y. Spiegel, Teampfarramt
  in: WuPKG 59/1970
- Pfarramt und kirchliche Strukturen
  Lit.: Y. Spiegel, Kirche als bürokratische Organisation (1969)

Beginnt ein Pfarrer nach abgeschlossenem Studium seine Tätigkeit in einer Gemeinde, so bringt er in den meisten Fällen eine bestimmte theologische Einstellung mit. Sie liefert ihm zwar gewisse Hinweise, wie er seine Gemeindearbeit ausrichten soll, doch ergeben sich zwingende theologische Ableitungen immer nur für bestimmte Gebiete der Gemeindetätigkeit (etwa die Predigt), für bestimmte Organisationsformen (etwa Aufbau der Gemeinde durch Kreise) und bestimmte kirchliche Gruppen. Es gibt jedoch keine theologische Orientierung, aus der sich eindeutige Handlungsanweisungen für alle Gebiete der Praxis und gegenüber jedem der drei oben genannten Sozialbereiche bestimmen ließen.

Vielmehr muß ein Pfarrer zusätzlich gewisse Leitentscheidungen zwischen möglichen Einstellungen gegenüber diesen drei Sozialbereichen fällen, mit denen er in Interaktion steht. Bei diesen Entscheidungen wirken zwar gewisse Faktoren seiner theologischen Ausbildung mit, aber eine meist ebenso wichtige Rolle spielen die praktischen Erfahrungen, die er in diesem Prozeß der Interaktion macht. Er kann diese Entscheidungen bewußt vollziehen; sie können aber auch unreflektiert im alltäglichen Vollzug seines Dienstes fallen. Wird im Interview ein solcher Pfarrer nach seinen Leitentscheidungen befragt, so antwortet er mit dem Hinweis auf das, was er faktisch tut. Allerdings wird sich eine bewußt getroffene Entscheidung nur immer begrenzt durchsetzen lassen. Dennoch ist die generelle Richtung seiner Praxis häufig sehr viel eher aus diesen Leitentscheidungen als aus seinen theologischen Einstellungen zu entnehmen.

Ein Gemeindepfarrer hat zu wählen zwischen den Alternativen für drei Orientierungen, die dann zusammen mit seiner theologischen Einstellung, soweit sie praxisrelevant ist, die Zielrichtung seiner Praxis in der Gemeinde bestimmen.

(1) Innerhalb der Gemeindeorganisation muß sich ein Pfarrer entscheiden, wie weit er die zentrale Stellung beibehält, die ihm durch die Grundordnung eingeräumt wird, und wie weit er sie durch Delegation von bestimmten Aufgaben und Entscheidungsbefugnissen an Mitpfarrer, haupt- und ehrenamtliche Mitarbeiter und an den Gemeindekirchenrat in Richtung auf eine Gleichordnung hin verändert (Erste Leitentscheidung).

(2) Gegenüber der volkskirchlich bestimmten Öffentlichkeit muß sich ein Pfarrer entscheiden, ob er die bestehenden volkskirchlichen Bezüge aufrechterhalten und zu seinem eigentlichen Tätigkeitsfeld machen will, oder ob er sich überwiegend auf den Aufbau einer Gemeindekirche konzentriert (Zweite Leitentscheidung).

(3) Gegenüber der kirchlichen Organisation muß sich ein Pfarrer entscheiden, ob er sich eher als Teil der kirchlichen Hierarchie betrachtet, oder ob er sich primär auf die Gemeinde hin orientiert und sich als deren Vertreter versteht (Dritte Leitentscheidung).

Bei keiner der drei Leitentscheidungen ist es einem Pfarrer möglich, seine Praxis ganz auf eine Alternative zu beschränken. In seinem Gemeindebezirk kann er seinen Einfluß allein geltend machen, aber er muß doch zumindest in

der Gottesdienstordnung mit den Mitpfarrern kooperieren. Er kann sich sehr intensiv übergemeindlichen Tätigkeiten widmen, aber er muß sicherstellen, daß Gottesdienst in der Gemeinde gehalten und die Amtshandlungen vollzogen werden.
Alle drei Leitentscheidungen sind auf den Sozialbereich der Gemeinde bezogen, denn mit ihr hat er die meisten Kontakte. Deschwanden bezeichnet die Gemeinde als »primäre Umwelt«. Darunter ist nach Erwin Kurt Scheuch zu verstehen »die Konstellation von Akteuren und Institutionen . . ., mit denen Ego ohne Zwischenglieder in regelmäßigem (i. S. von alltäglichem) Kontakt steht. Gegenüber dieser primären Umwelt muß der Pfarrer wichtige Entscheidungen treffen: er muß seine Stellung ihr gegenüber definieren, muß bestimmen, welches Ausmaß an Zeit er ihr gegenüber aufwenden will und muß, und ob er sich in seinen Äußerungen und Praxisformen mehr auf diese Gemeinde oder auf die volkskirchliche Öffentlichkeit hin ausrichten will.

Y. Spiegel, Der Pfarrer im Amt (1970), 15f.

Das christliche Lehramt schloß indeß im Anfang andre bürgerliche Beschäftigungen nicht aus, wie es denn auch jetzt, unter gewissen Umständen des Orts und der Gemeinen, nichts Widersprechendes haben würde, beydes zu vereinigen. Doch ist es für das Ganze bald nothwendig geworden, den Lehrstand nicht nur ausschließend einem Geschlecht zu übertragen, sondern auch die Religionslehrer als einen eigenen Stand zu betrachten, und neben der Kenntniß der Religion und der Fertigkeit sie andern mitzutheilen, ihnen noch andre wissenschaftliche Kenntnisse zu wünschen, und sie selbst von ihnen zu fordern.
Die Gründe dieser gesteigerten Ansprüche lagen vorzüglich, 1) in dem Anwachs der christlichen Gesellschaft, 2) in der persönlichen Verschiedenheit derer, für welche der Religionsunterricht bestimmt war, deren so ungleiches Bedürfniß zu befriedigen, eine höhere Bildung durch wissenschaftliche Studien unentbehrlich zu machen schien. Hiezu kam 3) das nach und nach entstandene Bestreben, die Religion als eine Wissenschaft zu behandeln, ihre in den Vernunfterkenntnissen und in den biblischen Schriften zerstreuten Lehren zu ordnen und zu einem Ganzen zu vereinigen; natürlich denn auch wenn sie bestritten wurden, gegen Angriffe zu vertheidigen. Man erkannte auch 4) bald die vielen Unbequemlichkeiten, welche daraus entstanden und entstehen mußten, wenn einem wie dem andern das öffentliche Lehren erlaubt wäre; wie denn auch 5) die Anordnung und Verwaltung der äußeren, entweder von Christo selbst verordneten, oder nach und nach hinzugekommenen Religionsgebräuche, eigens dazu gewählten Personen gewissermaßen ausschließend zu übertragen, für schicklich und angemessen befunden wurde.

Beurtheilung der Einwürfe gegen diese Einrichtung.

Manche, schon in älteren, aber mehr noch in neueren Zeiten, eben darüber geführten Beschwerden, daß die Religionslehrer einen eignen Stand ausmachen, beruhen 1) entweder auf einer allgemeinen Abneigung gegen alles was Religion heißt und mit Religion zusammenhängt; sey sie nun aus stolzer Unwissenheit, oder skeptischem Unglauben, oder herrschendem Leichtsinn entstanden; 2) oder auf Verwechslung eines idealistischen Zustandes der Christengesellschaft, mit dem was sie wirklich ist und seyn kann; oder 3) auf der falschen Voraussetzung, daß durch Aufhebung des geistlichen Standes, allen davon hergeleiteten Uebeln abgeholfen werden, und der Gewinn größer als der Verlust seyn würde; oder 4) auf den, allerdings von christlichen Lehrern selbst veranlaßten, falschen oder übertriebenen Vorstellungen, die man sich von dem wahren Christenlehrer gemacht hat, und wozu man in dem Stande selbst kein Gegenbild fand.

Nähere Bestimmung des Begriffs eines christlichen Religionslehrers.

Gewiß sollen christliche Lehrer nicht das seyn, was sich viele von ihnen von Zeit zu Zeit zu seyn anmaßten: – nicht Priester im Sinne des A. Test. oder Nachfolger der Propheten, in so fern man sich unter diesen unmittelbar Bevollmächtigte der Gottheit, und Mittelspersonen zwischen ihr und den Menschen dachte, nicht Herrscher über die Gewissen ihrer Zuhörer, nicht schon durch ihr Amt über andre Menschen erhaben. Gewiß giebt ihr Stand ihnen an sich keine Unfehlbarkeit, oder setzt sie über menschliche Schwächen, Irrthümer und Fehltritte weg, oder berechtigt sie zu der Forderung, der Beurtheilung anderer Menschen gar nicht, oder doch weniger unterworfen zu seyn, und um des Standes willen mehr Schonung zu erwarten, so bald von persönlichen Eigenschaften die Rede ist. Alle diese Vorstellungen haben den geistlichen Stolz erzeugt. Sie sind die Grundlage der Hierarchie gewesen, welche von jeher dem wahren Ansehn der Lehrer und der Religion selbst unaussprechlich viel Schaden gethan hat.
Wenn hingegen christliche Religionslehrer Personen sind, denen größere oder kleinere Gesellschaften es aufgetragen haben, – um ihrer vorzüglichen Einsichten und Lehrgaben willen, durch öffentliche Vorträge christliche Erkenntnisse mitzutheilen und zu erweitern, und gleiche Gesinnungen zu wecken und zu nähren; – um ihres bekannten Charakters willen, Beyspiele und Vorbilder der Gemeine zu seyn; – um der in ihnen vorausgesetzten Gewissenhaftigkeit willen, sich sowohl die Sorge für die einzelnen Glieder derselben, besonders in Angelegenheiten des Geistes und Herzens, als die Verwaltung der äußeren Religionshandlungen empfohlen seyn zu lassen; – wenn sie zu dem Ende von andern, damit nicht wohl bestehenden, oder zu sehr zerstreuenden Geschäften losgesprochen, und damit dieß möglich sey, von dem Staate durch einen anständigen Unterhalt nicht sowohl für ihre Lehren und Sorgen bezahlt, als in den Stand gesetzt werden, ihren für die gesammte Moralität so wichtigen Auftrag ungehinderter und gewissenhafter zu erfüllen: – dann bekleiden sie unstreitig einen der ehrwürdigsten und wohlthätigsten Stände in der Gesellschaft.

Wahre Würde des geistlichen Standes.

Prediger bekleiden, wenn sie jenen Bedingungen entsprechen, einen der ehrwürdigsten Stände! – Denn 1) beschäftigt sich derselbe mit der Ausbreitung der Erkenntniß des höchsten Wesens und seines heiligen Willens, die unter allen Gegenständen des menschlichen Denkens der größte und wichtigste ist; 2) lehrt er Wahrheiten, die wir dem eignen Unterricht des Stifters unserer Religion schuldig sind. 3) Er verrichtet wesentliche Handlungen, die entweder die Verordnung des Stifters, oder das Ehrwürdige des Zwecks zu Religionshandlungen geweiht hat. 4) Er befleißigt sich endlich, so lange er seine Bestimmung im Auge behält, selbst der Unsträflichkeit in Worten und Werken, und verstärkt dadurch den Einfluß aller übrigen Geschäfte seines Amts. – So viel an diesem allen bey dem christlichen Lehrer fehlt, so viel geht der Ehrwürdigkeit seiner Person, aber nicht seines Standes ab.

A. H. Niemeyer, Handbuch für christliche Religionslehrer. 2. Theil (1827[6]), 5–11

Amt und Umbruch signalisieren gegensätzliche Erfahrungen mit der Wirklichkeit. Das Amt will zuverlässige Dauer, ein intaktes Selbstverständnis und gewohnte Bewährung. Umbruch bringt Unruhe und Unordnung, löst Gewohnheiten auf und stößt aus dem Gleichgewicht. Was Wunder, daß den keiner beneidet, der zwischen die Mühlsteine der Gegensätze gerät.

Da heute nicht nur Ämter und Berufe, sondern Gesellschaften und Kulturen im Umbruch stehen, wäre kein Anlaß, eine bestimmte Berufsgruppe zu exponieren, weil jede irgendwie betroffen ist, und kein Grund zur Distanz, weil der Bergrutsch im Nachbartal auch die eigene Geologie verändern wird. Trotzdem gilt die These, daß das kirchliche Amt in seinen religiösen und sozialen Verhältnissen die Erschütterungen eher und stärker erfuhr als vergleichbare Berufe. Empfindliche Seismographen reagierten und registrierten frühzeitig sowohl Umfang als auch Stoßlinien des kommenden Bebens. 1906 veröffentlichte Theodor Kappstein die Ergebnisse einer Umfrage: Bedürfen wir des Pfarrers noch? »Hat der Pfarrer in der modernen Kulturwelt noch eine selbständige Bedeutung?« fragte Kappstein, »und worin besteht eventuell dieser sein Berufscharakter?«

Trotz der hohen Zuwachsraten an Kenntnissen in den Humanwissenschaften und ungeachtet aller Anstrengungen in der Theologie sind beide Fragen bis heute unbeantwortet, mehr noch: sie stehen stärker im Streit denn je, und zwar zunehmend in Bereichen außerhalb der Fachwissenschaften.

Das kirchliche Amt ist Thema von Büchern, Aufsatzreihen und Zeitungsartikeln, von Tagungen (Beispiel: Deutscher Pfarrertag 1970) und Fernsehsendungen (Beispiele: Mitra, Macht und Management, ZDF 1971; Die sich Christen nennen, ARD 1971). Aus der bisher geführten Diskussion wird man einige unbestreitbare und zahlreiche strittige Folgerungen ziehen können.

Unbestreitbar ist,

– daß der Wandel des kirchlichen Amtes als Teil des Umbruchs gewertet werden muß, den alle Institutionen und Sozialformen, darunter auch die der Religion, heute erfahren;

– daß in Westeuropa die großen Konfessionskirchen, unbeschadet ihrer historischen und dogmatischen Unterschiede, vor ähnlichen Herausforderungen stehen, die zu kooperativen Analysen und Aktionen veranlassen;
– daß im Verhältnis zum kirchlichen Amt jene Stelle markiert ist, wo die Mehrheit der Zeitgenossen ihre Identität oder Nicht-Identität mit den christlichen Kirchen erfährt;
– daß Amtsreform und Kirchenreform zusammengehören;
– daß der kirchliche Amtsträger den Umbruch als sozialen, psychologischen und theologischen Konflikt erlebt;
– daß jede Theologie in ihrer Weise mehr oder weniger gebrauchsfertige Berufsbilder des kirchlichen Amtes anbietet, ob man dieses als Dienst am Sakrament, am Wort Gottes, an der Kirche, an der Gesellschaft, an der Selbstbefreiung des Menschen o. ä. beschreibt;
– daß jede dieser konservativen oder progressiven, bibelnahen oder bibelfernen, kirchentreuen oder kirchenfremden Theologien den kirchlichen Amtsträger in eine affektive Streß-Situation versetzt, die er mit Angst, mit Trotz oder mit Desinteresse bewältigt;
– daß die allgemein gesellschaftlichen und speziell kirchlich-theologischen Erwartungen an das kirchliche Amt gegensätzlich-diffus sind und nur ein Übermensch sie erfüllen könnte.

Strittig ist,

- ob der Umbruch des kirchlichen Amtes revolutionär oder evolutionär, in Sprüngen oder in Schritten, lang- oder kurzfristig, umfassend oder stufenweise erfolgen soll;
- mit welcher theologischen Orientierung und mit welchen Maßstäben dies geschieht;
- ob dem Umbruch ein primär dogmatisch-zielorientierter oder ein sozialkommunikativer Charakter eignet;
- in welchen Zusammenhang mit der Gesellschaft das kirchliche Amt gehört;
- welche Konfliktformen der Umbruch benutzt;
- nach welcher Methode die am Wandel des kirchlichen Amtes Beteiligten sich verständigen;
- ob die psychische, soziale und intellektuelle Energie der Beteiligten ausreicht, um den Umbruch zu bewältigen.

H.-D. Bastian (Hg.), Kirchliches Amt im Umbruch (1971), 7f.

2.5. *Stichwort: »Reden«/»Hören«*

Einführung:

J. Kopperschmidt, Artikel: Sprache
In: G. Otto (Hg.), Praktisch-theologisches Handbuch (1975²)
G. Hummel (Hg.), Aufgabe der Predigt (1971)
H. Fischer (Hg.), Sprachwissen für Theologen (1974)

W. Jens, Von deutscher Rede (1969)
H. Geißner, Rede in der Öffentlichkeit. Eine Einführung in die Rhetorik (1969)
H. Schlüter, Grundkurs der Rhetorik (dtv 4149)
J. Ritsert, Inhaltsanalyse und Ideologiekritik (Fischer-Athenäum-TB 4001)
G. Otto, Predigt als Rede (in Vorbereitung, 1976)

Teilgebiete/Aspekte:

- Sprache
  Lit.: H. Holzer/K. Steinbacher, Sprache und Gesellschaft (1972)
- Schriftliche Formen der Mitteilung
  Lit.: L. Reiners, Stilkunst (1943)
- Rhetorische Fragestellungen
  Lit.: H. Geißner, Rhetorik (1974²)
- Predigt als öffentliche Rede
  Lit.: H. Geißner, Rede in der Öffentlichkeit (1969)
- Predigt und Publizistik
  Lit.: H. Breit/W. Höhne (Hg.), Die provozierte Kirche (1968)
- Verkündigung und Information
  Lit.: H.-E. Bahr, Verkündigung als Information (1968)
- Biblischer Text und Predigt
  Lit.: G. Otto, in: Bahr/Cornehl, Gottesdienst und Öffentlichkeit (1970)
- Verkündigung und Situation (Analyse)
  Lit.: E. Lange u. a. (Hg.), Zur Theorie und Praxis der Predigtarbeit (1968)
- Politische Predigt
  Lit.: W. Pressel, Die Kriegspredigt 1914–1918 in der evangelischen Kirche Deutschlands (1967)
- Kasualpredigt
  Lit.: M. Mezger, Die Amtshandlungen der Kirche I (1963²)

(Predigt und Kommunikation: s. »Kommunikation«)

Texte

Die Predigt als Haupt- und Zentralstück des Gemeindegottesdienstes hat an ihrem Teil den Zweck des Gemeindegottesdienstes zu erfüllen. Besteht dieser Zweck in dem Vollzug des Wechselverkehrs zwischen Gott und der feiernden Gemeinde, und wird nach Luthers treffendem Wort dieser Wechselverkehr dadurch hergestellt, daß *unser lieber Herr mit uns redet durch sein heiliges Wort, und wir mit ihm reden durch Gebet und Lobgesang,* so wird der Zweck der Predigt dadurch erreicht, daß Gott durch den Mund des Predigers sein heiliges Wort zu der Gemeinde redet, so redet, daß die Gemeinde die Predigt als Gottes Wort erlebt. Zwei Faktoren sind demnach für Erreichung des Predigtzweckes konstitutiv: der Faktor, daß der Prediger Gottes

Wort redet, verbindet sich mit dem Faktor, daß die Gemeinde die Predigt als Gottes Wort erlebt. So einfach und selbstverständlich diese Zweckbestimmung der Predigt ist, so vielgestaltig sind die Antworten auf die Frage, wie das geschieht. Die Definition des Hyperius, die Concio sacra sei interpretatio Scripturarum popularis, ist die Anschauung der Orthodoxie des 16. und 17. Jahrhunderts. Sie ist bis zur Gegenwart in zahlreichen Kreisen auch solcher Prediger maßgebend, die sich nicht zu den Vertretern der Orthodoxie im strengen Sinne des Wortes zu rechnen pflegen. Das Moment der Wahrheit in dieser Definition ist in der unerläßlichen Forderung zu finden, daß jede Predigt, sie mag mehr analytisch oder mehr synthetisch angelegt sein, auf exakter Exegese beruhen muß. Um jedoch exakte Exegese der Hl. Schrift zu geben, ist es nicht erforderlich, daß der Exeget von der Wahrheit dessen, was er erklärt, überzeugt sei, wie der Altphilologe seine Klassiker erklären kann, ohne sich mit ihnen zu identifizieren. Jene Definition wird aber dann verurteilt durch die aus ihr sich ergebende Regel, daß der Prediger das nicht für wahr zu halten brauche, was er predigt. Nimmt aber der Prediger in Anspruch, Gottes Wort durch Auslegung des Textes zu verkünden, so waltet die hinfällige Voraussetzung, daß die Hl. Schrift im ganzen und der Text im besonderen Gottes Wort, d.h. Gottes Offenbarung, sei, es waltet die Tendenz, die Gedanken anderer, die in der Hl. Schrift gegeben sind, nicht die von Gott erzeugten eigenen Gedanken, zu verkünden, die vielmehr als Beeinträchtigung des Wortes Gottes zu beurteilen wären. Der Erfolg aber der Interpretatio Scripturarum popularis wird darin sich erschöpfen, daß aus der Hörerschaft Schriftgelehrte herangezogen werden, wie der Prediger selbst nichts weiter als ein Schriftgelehrter ist.

E.C. Achelis, Lehrbuch der Praktischen Theologie. 2. Bd. (1911²), 122f.

Wer nur ein wenig tiefer nachdenkt über die *Aufgabe der Predigt*, der wird alsbald auf das vollständig und grundsätzlich inkommensurable Verhältnis stoßen, in dem der Inhalt, über den zu reden wäre, zu der jeweiligen Verkündigung selber steht. Es ist eine tiefe Kluft befestigt zwischen dem, was gesagt wird, und dem, was gemeint wäre, um es kurz auszudrücken: zwischen dem Wort des Predigers und dem Wort Gottes, das in seinem Worte zu Worte kommen sollte. Das *Wort im Worte:* das ist das zentrale Geheimnis und die daraus entspringende zentrale Problematik jeder Predigt. Diese Kluft aber ist so tief, daß keine Brücke hinüberführt, denn sie ist genauso tief, so unergründlich wie die Kluft zwischen Himmel und Erde, zwischen Diesseits und Jenseits, zwischen Gott und Mensch nun einmal ist. Der *deus absconditus,* die ganze tiefe Verborgenheit und Unzugänglichkeit Gottes für den Menschen auf der einen Seite – Gott wäre nicht Gott, wenn es Brücken, direkte Wege und Zugänge ebenen Fußes vom Boden des Menschen zu ihm hinüber gäbe –, und auf der andern Seite der Mensch und sein Deuten, Benennen und Künden dessen, was kein Auge (*kein* Auge!) gesehen und kein Ohr (*kein* Ohr!) gehört und was in keines Menschen (in *keines Menschen!)* Herz gekommen ist, unser Begreifen dessen, das nur als unbegreiflich begriffen werden kann, unser Reden von dem, über den zu reden nicht möglich ist, weil nur in seinem eigenen Worte von ihm geredet werden könnte, die unerhörte Frohbotschaft vom Begegnen Gottes mit dem Menschen, des Gottes, der in einem Lichte wohnt, da niemand zukann, mit dem Menschen, der sterben, nichts weniger als sterben muß, wenn er Gott begegnet. Wer will hier einen Brückenschlag wagen, wer will hier Rat erteilen, wie es gemacht werden könnte, wer will hier von »Aufgabe« reden, als ob die Aufgabe, um die es sich hier einzig handeln kann, im Bereich menschlicher Möglichkeiten läge! ...

So stehen die Dinge, und von da aus erhebt sich die strenge, die kritische Frage: Wer wagt es, überhaupt weiter zu unternehmen, was doch ein Unternehmen des Menschen in keinem Sinne mehr heißen kann? Wer wagt es, Gottes Wort verkünden zu wollen?! Diese Frage hat freilich nichts zu tun mit der in der Theologie (ich denke etwa an Otto Baumgartens Schriften) aufgeworfenen Frage nach den moralischen, religiösen, persönlichen, den gesellschaftlichen und den Begabungs-Voraussetzungen auf der menschlichen Seite, von denen es abhängen soll, ob einer sich dazu entschließen darf, Prediger des Evangeliums zu werden. Die Frage, wie wir sie hier meinen, ist von Gott aus gestellt und nicht vom Menschen aus. Und darum geht sie ohne Ausnahme uns alle an, die wir diesseits der Kluft stehen, und nicht im Sinne einer Auslese nach Bedingungen, sondern im Sinne einer großen, kritischen Voraussetzung, die alle und alles gleicherweise in Frage stellt. »Da hörte ich die Stimme des Herrn, der da sprach: Wen soll ich senden, und wer soll uns gehen?« (Jes. 6,8). In dieser *Gottes*frage tut sich die ganze Tiefe jener Kluft auf, von der die Rede war. Sie kann von uns aus nur negativ beantwortet werden mit der Einsicht in die gänzliche menschliche Unmöglichkeit des Unternehmens, das wir Pfarrer – jeden Sonntag unternehmen. Positiv beantworten kann sie kein Mensch, nur Gott selber, der sie gestellt hat. Und Gott *hat* sie positiv beantwortet: »Gehet hin in alle Welt und lehret alle Völker« (Matth. 28,19). Und weil er sie beantwortet hat, ist es keine Frage *menschlicher* Voraussetzungen mehr, ob es gewagt werden soll, was doch von uns aus nicht gewagt werden dürfte. Es darf gewagt werden, es muß gewagt werden – aber nur von Gott selber aus. Es muß Boten geben, die zeugen; Gott stellt die Frage nicht nur zum Hohn; er stellt sie, weil er in der Frage die Antwort geben, die Brücke von sich zum Menschen schlagen will. Aber nur der versteht diese Antwort, der sie in der Frage versteht. Nur der darf es wagen, diese Brücke zu betreten, der weiß, daß es *nicht* gewagt werden darf. Nur in der tiefen Einsicht kann gepredigt werden, daß eigentlich *nicht* gepredigt werden kann. Nur der wird das Wort Gottes auf die Lippen bekommen, der weiß, daß Gottes Wort auf *keines Menschen* Lippen liegen kann. Nur der darf Gottes Zeuge sein, der, indem er es wird, in den Abgrund hinaustritt, über alles Menschliche hinausgreift, nur der, der *sterben* will, indem er vom Leben redet. »Wir verkündigen nicht uns selbst ... wir verkündigen Christus, den Gekreuzigten« (1. Kor. 1,23; 2. Kor. 4,5). *Den Tod des Menschen und alles Menschlichen zu verkündigen, ist die Aufgabe der Predigt.* Wo diese Predigt wirklich erschallt, da antwortet Gott mit dem Worte, das *Auferstehung* heißt und ist, und *dieses Auferstehungswort ist dann das Wort im Worte....*

Unsere Predigten sind auf Erfolg und Wirkung ins Breite hin angelegt, das spiegeln gerade die gangbarsten Predigtbücher am deutlichsten. Aber: »wer sein Leben retten will, der wird es verlieren«, und nur: »wer sein Leben hergibt um der Heilsbotschaft willen, der wird es retten«. *Todesweisheit* (Overbeck) ist auch hier und gerade hier wirkliche Lebensweisheit. Eine Pastoraltheologie, die auf dieser Einsicht aufgebaut wäre, würde freilich anders, sehr anders ausfallen als die, die jetzt unter uns Kurs hat. Sie würde am zentralen Punkt der Wortverkündigung zu radikalem Umdenken rufen müssen, und ihre besten Ratschläge für den Prediger würden in großen Negationen dessen bestehen, was heute wie einst als Regel des Erfolges einer sogenannten »gesegneten Predigttätigkeit« aufgefaßt wird. »Gewaltig und nicht wie die Theologen« hat Jesus geredet, weil er wirklich von *Gott* redete. Die Gewalt des Wortes liegt nie und nimmer im Wort des Predigers selber, sondern einzig und allein in dem, *was* das Wort sagt, im Sinn, in der Bedeutung, in der *vis*, der δύναμις des Wortes. Auch das Wort, das Menschenwort, muß ans Kreuz geschlagen, muß in den Tod gegeben werden, wenn das Wort aller Worte, Gottes Wort, wieder zu uns reden soll. »Auch das Wort tut's nicht«, sagt Luther in diesem Sinne einmal einem überredungsmächtigen Redner gegenüber. Denn auch das Wort ist vergänglich, ist sterblich, muß seiner unheimlichen psychischen *Eigengewalt* entkleidet, muß begraben werden, sonst steht es Gottes Wort im Wege. »Nur wo Gräber sind, gibt es Auferstehungen« (Nietzsche). Die Kanzel sei das Grab aller Menschenworte, denn auf ihr geht es um Auferstehung, um Gott.

Darum erste Regel: *keine Beredsamkeit!* Man spüre es, daß der Prediger nicht in eigener Sache redet. Darum rede er auch nicht wie ein Advokat, der eine gefährdete Position zu retten, oder wie ein Kaufherr, der für seine Ware Reklame zu machen sucht. Unsere allzu lauten, allzu beredten Gottes- und Christusanpreisungen, unser aufdringliches Haschen nach immer neuen Gelegenheiten und immer größeren Lokalen, sie an den Mann zu bringen, sind Kapuzinerweisheit und glatter Verrat an der Sache. Unsere christlichen Familienfeste, Gartenvergnügen, Gemeindehausanlässe, Theaterabende, Jugendvereine und wie diese sogenannten Gelegenheiten zu »Volksevangelisation« und »außerkirchlicher Wortverkündigung« alle heißen mögen, stehen unheimlich nahe jener Stelle, an der die Tische der Taubenkrämer und Wechsler im Tempelhof zu Jerusalem aufgeschlagen waren. Diese dienten wahrhaftig auch nichts anderem als kultisch-kirchlichen Opferzwecken, aber wir wissen, wie Jesus über sie dachte und zu was für äußersten Maßnahmen er ihnen gegenüber griff. *Der Prediger ist, wenn er ist, was er sein soll, nicht Agitator und nicht Krämer.* Er ist Zeuge vor Gericht, der eine Aussage macht (was sollen da alle rednerischen Künste!), er redet nicht aus eigenem Antriebe, sondern in Auftrag; wo aber Auftrag ist, da ist eigener Antrieb Nebensache und wirkt *nur* verdunkelnd, wenn er sich hervordrängt. Die größten Prediger Gottes sind *gegen* ihren eigenen Antrieb redende Prediger gewesen. Darüber wäre in Jeremia einiges zu lesen. Der Prediger steht am Rand jener Todeszone, von der die Rede war, er sieht alles Heil in jener einzigen letzten Möglichkeit, die keine menschliche Möglichkeit mehr ist, *Gott* rede wieder. Draußen am Rande dieser jenseitigen Möglichkeit aber ist Verhaltenheit und schlichteste Sachlichkeit, ist »Furcht und Zittern« einziges Zeichen der Glaubwürdigkeit und Echtheit. Da wird man nicht mehr mit Schleiermacher »sich selber zuhören und ein schönes und tiefes Gefühl dabei haben« wollen und können;

romantische Selbstbespiegelung ist sicheres Anzeichen dafür, daß man *nicht* dort außen am Rande der Kluft, *nicht* in der Furcht Gottes steht! Da wird man gerade die Augenblicke in der Predigt, wo die eigenen Worte einen mit sich fortreißen wollen, als die gefährlichsten und schwächsten Momente betrachten, weil die Verwechselung des Göttlichen mit dem Menschlichen dort so besonders nahe liegt. Wo *Gott* verkündigt wird, da ersterben die armseligen Versuche menschlicher Redekunst, da steht das Wort *nicht* zu Gebote, weil man, indem man redet, hinhört, seufzt, sucht und ausschaut nach jenem ganz andern Wort, das nie und nirgends zu Gebote der Menschen steht, weil es Gottes Wort allein ist. Wo dieses verborgene Seufzen und Suchen nach Gottes Wort nicht durch eine Predigt hindurchgeht, spürbar gerade an jener *Verhaltenheit* der Rede, wo im Reden des Predigers nicht jenes Gedränge am Tor entsteht, welches ankündigt, daß etwas Größeres als menschliches Wort ans Licht drängen möchte, da ist die Predigt nichts wert gewesen.
Und neben der Warnung vor Beredsamkeit stehe die andere vor dem *Eingehen auf das* sogenannte *Bedürfnis des Hörers.* Die Predigt ist nicht der Ort, wo um das Verständnis des Menschen, sondern wo um das Verständnis Gottes gerungen wird. Es handelt sich in der Kirche gerade *nicht* darum, daß ein Mensch auf andere Menschen eingehe, sondern darum, daß alle Menschen allem Menschlichen den Rücken kehren und auf Gott eingehen. Also *keine* Bemühungen um die *Psychologie* des Predigthörers und um sogenannte *Menschenkenntnis* mehr! Keine Mitteilung von Lebenserfahrung, auch nicht von frommer Lebenserfahrung (weder fremder noch zu allererst eigener!) auf der Kanzel zu Zwecken der Anregung neuer Lebenserfahrung bei anderen! Sondern: *Gotteserkenntnis, Gottesverkündigung!* Jesus hat den Geheilten verboten, von ihren wahrhaftig nicht kleinen »Erfahrungen« überhaupt zu jemandem zu reden (Mark. 1,44). Er wußte warum. Er wollte keine »Pietisten« züchten. Wo Erlebnisse des Menschen (und wären es an Jesus gemachte Erlebnisse) in den Mittelpunkt gestellt werden, wo man auf den Menschen und seine Lebenserfahrungen eingeht – und zwar gerade wenn es in feinsinniger und verstehender Weise geschieht –, wo die Predigt Welt- und Zeitbilder entrollt, da wird alsbald unvermeidbar das Menschliche selber zum Thema, das *fromme* Menschliche, versteht sich, aber deswegen nicht weniger das Menschliche, da dient das Göttliche nur noch zur Beleuchtung der Welt, da ist Gott schließlich doch wieder nur für den Menschen da (statt umgekehrt!) und wird damit – zum Götzen. Nicht genug ist zu warnen vor der psychologischen Kunst berühmter Kanzelredner, die auf ihr Menschenverständnis so stolz zu sein pflegen. Wenn Psychologie getrieben werden soll, dann jedenfalls keine andere als die Psychologie Kierkegaards oder Dostojewskis oder des Predigers und der Sprüche Salomo, d. h. eine sich selber aufhebende, weil fortwährend über alles Menschliche hinausweisende, alles Menschliche zersetzende und auflösende Psychologie. ...

E. Thurneysen, Die Aufgabe der Predigt (1921). In: G. Hummel (Hg.), Aufgabe der Predigt (1971), 105 ff.

Was in der Erörterung homiletischer Fragestellungen unter dem Aspekt der Rhetorik ins Blickfeld kommt, kann hier nicht von Ferne konkretisiert werden. Es kann lediglich in wenigen stichwortartigen Beispielen, notwendig verkürzt, angedeutet werden.

1. Die technokratisch halbierte Rezeption kommunikationswissenschaftlicher Erkenntnisse, wie sie zur Zeit in der Theologie vorherrscht, wird überwindbar, wenn man bemerkt, daß die Halbierung durch eine Isolierung entsteht, die einem fundierten Verständnis von Rhetorik, in welcher Ausprägung auch immer, zuwiderläuft, ja, von ihm aus verboten scheint. Rhetorische Erwägung ist am Adressaten orientiert, an seinen Affekten und Emotionen, und sie will die Möglichkeit überzeugenden »Überredens« befördern – aber eben dies gerade *nicht* abgelöst von inhaltlichen Interessen. An diese Strukturen der Rhetorik heute anknüpfen bedeutet, der platten Methodisierung kommunikationswissenschaftlicher Einsichten und ihrer Anwendung in der Kirche widerstehen, weil damit die notwendige Diskussion der *Inhalte* von Verkündigung zugunsten besserer Technik verhindert wird.

2. Zur Rhetorik gehört stets »ihre lehrhafte Komponente, das von der Theorie stets mitbetonte und von der Praxis (z. B. im sermo humilis der christlichen Predigt oder im Unterweisungsstil der sozialistischen Rhetorik) nachdrücklich verfolgte Ziel, mit den Mitteln der schlichten Lehre und rationalen Unterweisung *aufklärerisch* zu wirken« (Jens). Die Predigt wieder neu in diesem Zusammenhang reflektieren bedeutet also, nach ihrer aufklärerischen Valenz im gegebenen zeitgeschichtlichen Kontext fragen. Von hieraus bestimmen sich dann nicht nur Kriterien der Anfragen an landläufige Predigt und ihre theologische Begründung, sondern ebenso lassen sich von hieraus Bedingungen der Möglichkeit, vielleicht gar der Notwendigkeit von Predigt heute in Auseinandersetzung mit der Tradition und ihren Wirkungen thematisieren.

3. Sich auf rhetorische Fragestellungen einlassen, schließt die Aufarbeitung der Frage nach den Gründen für ihre verbreitete Ablehnung in der neueren Geschichte der Homiletik ein. W. Jens hat die Gründe für die Verachtung der politischen Rhetorik durch das Bürgertum instruktiv beschrieben. Sie lassen sich nicht zufällig genau auf die Situation von Kirche und Theologie in der Neuzeit übertragen: Ohnmächtig gegenüber der Realität bestätigt die auf rhetorische Reflexion verzichtende Predigt in Form absoluter und das heißt unvermittelter Aussagen den Rückzug aus der Öffentlichkeit. Freilich, ein Predigt- und Verkündigungsverständnis, das den Hörer weniger als selbständigen Adressaten, sondern mehr als den gehorsamen Empfänger ansieht, *kann* sich auf solche Fragestellungen der Rhetorik gar nicht einlassen. Daher ist zum Beispiel Thurneysens und Barths durchgängige Polemik gegen Rhetorik in sich völlig verständlich. Thurneysens »erste Regel« lautet: »Keine Beredsamkeit!«, und Barth expliziert: »Dienst am Wort *Gottes:* darin liegt eine Abgrenzung gegenüber allen anderen an sich auch möglichen und weithin auch guten und verheißungsvollen Versuchen menschlicher Rede«.

In der Konsequenz dieser prinzipiellen Grenzziehung liegt es, wenn Barth dann zu dem Urteil kommt, das im Grunde nicht nur das Ende aller Homiletik, sondern jeder theologischen Reflexion überhaupt signalisiert: »Bei jeder Predigt muß es uns vor Augen stehen: Wenn das geschieht, daß ein Mensch Gottes Wort *hört,* dann geschieht das *Wunder.*«

Statt dessen möchten wir Predigt, in verändertem Inhalt und Maß, in dem sie auf Grund ihrer Reichweite statthaben sollte, inmitten der Redekultur ihrer Zeit sehen und den Predigthörer unter genau denselben Bedingungen und Voraussetzungen, unter denen er jede andere Anrede auch hört, unter denen Kommunikation unter Menschen möglich und ggf. verbesserbar ist. Predigt im Zusammenhang der Rhetorik diskutieren, bedeutet dann: Predigt ist, vom Fragehorizont der Rhetorik her, im Kern stets Auseinandersetzung mit der geistig-politischen Situation ihrer jeweiligen Zeit, Bemühung um öffentliche, zu veröffentlichende Mitbestimmung des Geistes der Zeit. Predigt, die sich wirklich rhetorisch versteht, ist mithin notwendig und per definitionem politische Predigt. Sie muß am Prozeß der gesellschaftlichen Auseinandersetzung partizipieren *wollen* und darf deshalb nicht einer immer binnentheologisch und innerkirchlich verharrenden Orientierung der Predigt an philologischer Exegese das Wort reden, sowenig man die *begrenzte* und genau *bestimmbare* Funktion historisch-kritischer Exegese wird bestreiten wollen – wenn ein Gesamtverständnis der Predigt leitet, von dem her sich die Funktion des Textes und der Exegese bestimmen läßt. Warum sollte das leitende Gesamtverständnis der Predigt nicht im Horizont der Rhetorik liegen? Denn programmatisch gilt für Rhetorik, daß es ihre Aufgabe ist, »der imperativischen Dogmatik« ebenso wie »allem Inhuman-Ungeselligen ... entgegenzuwirken und einen sensus communis befördern zu helfen – ein Maximum von Gemeinsamkeit, das es ermöglicht, zu einer raschen und sicheren Übereinkunft auf der Basis des Wahrscheinlichen, dem Fundament des begründet glaubhaft Gemachten zu gelangen« (Jens).

G. Otto, Zum Thema: Predigt, Kommunikation und Rhetorik. In: Betz/Schottroff (Hg.), Neues Testament und christliche Existenz (1973), 341–343

2.6. Stichwort: »Gottesdienst«/»Öffentlichkeit«

Einführung:

M. Josuttis, Artikel: Gottesdienst
In: G. Otto (Hg.), Praktisch-theologisches Handbuch (1975²)
W. Nagel, Geschichte des christlichen Gottesdienstes
(Sammlung Göschen 1202/1202 a)
H. B. Meyer (Hg.), Liturgie und Gesellschaft (1970)
A. Adam, Erneuerte Liturgie – Sachbuch zum katholischen Gottesdienst (1972)

Teilgebiete/Aspekte:

- Formen und Typen
  Lit.: L. Fendt, Einführung in die Liturgiewissenschaft (1958)
- Vaticanum II
  Lit.: H. Schmidt, Die Konstitution über die heilige Liturgie (Herder-Bücherei 218)

- Gottesdienst und Öffentlichkeit
  Lit.: P. Cornehl/H.-E. Bahr (Hg.), Gottesdienst und Öffentlichkeit (1970)
- Soziologie des Gottesdienstes
  Lit.: H. B. Meyer (Hg.), Liturgie und Gesellschaft (1970)
- Reformen
  Lit.: P. Cornehl/H.-E. Bahr (Hg.), s. o.
- Gottesdienst in neuer Gestalt
  Lit.: D. Trautwein, Lernprozeß Gottesdienst (1972)
- Ritual und Spiel
  Lit.: D. Kerbs, Das Ritual und das Spiel, in:
  Ästhetik und Kommunikation, 1. Jg. 1970/Heft 1
- Fest und Spiel
  Lit.: agok (Hg.), Liturgische Nacht (1974)

Texte

Die Kirche Jesu Christi realisiert sich immer wieder vom Gottesdienst ihrer Gemeinden her: Wo das Wort verkündigt wird und die Sakramente verwaltet werden, will Gott selbst gegenwärtig sein, um in den Seinen den Glauben zu wecken, zu reinigen und zu stärken; in Bekenntnis, Gebet und Gotteslob der versammelten Gemeinde soll offenbar werden, daß seine Gnade an ihr nicht vergeblich gewesen ist. Im Gottesdienst zeichnet sich auch der Sinn aller christlichen Existenz urbildlich ab: hier geschehen Einübung in die Rühmung dessen, der im Menschen dem Glauben ruft und im Glauben das Leben schenkt, durch Fürbitte und Opfer der Liebe auch Einübung in die Brüderlichkeit und schließlich Sendung zum Zeugnis an die gottentfremdete Welt, wie schon der Vollzug jedes Gottesdienstes solch ein Zeugnis darstellt. Darum gilt der Gottesdienst mit Recht als Herzstück im Leben jeder christlichen Gemeinde.

W. Nagel, Geschichte des christlichen Gottesdienstes (1962), 5

Aber muß man in der heutigen Zeit nicht einen anderen Ausgangspunkt für die Gestaltung des Gottesdienstes nehmen? Kann das Moment der Kontinuität noch Geltung haben angesichts des völligen Umbruchs zum industriellen Zeitalter hin, in dem wir gegenwärtig stehen? Sind die inneren Voraussetzungen des modernen Menschen für die Teilnahme am Gottesdienst nicht so gewandelt, daß man das geschichtlich Gewordene ohne Schaden über Bord werfen kann und dafür etwas Neues erfinden muß? Diese heute häufig gestellten Fragen können den Anspruch erheben, daß man sie gründlich durchdenkt und prüft. Aber das Bedenkliche an ihnen ist die Selbstverständlichkeit, mit der man meint, gottesdienstliche Ordnungen nach Wunsch und Laune manipulieren zu können, bedenklich auch die naive Anschauung, daß eine »gegenwartsnahe« Gottesdienstordnung als solche die Voraussetzung für die innere Zugehörigkeit des modernen Menschen zur Kirche sei und daß man sich deshalb »daran machen« müsse, neue Strukturen des Gottesdienstes, seiner Predigten, Gebete und Lieder zu schaffen. Hier wird der rationale Konstruktivismus auf den Schild gehoben, der Todfeind alles Gewachsenen, Echten und Dauerhaften. Keine Pflanze wächst davon, daß man ihr Vorträge über Blattbildung hält, und neue Gottesdienstordnungen können nicht dadurch entstehen, daß man am grünen Tisch die Ergebnisse soziologischer oder psychologischer Teste zu einer modernen Liturgie verarbeitet und der gottesdienstlichen Gemeinde dann klarzumachen sucht, daß sie so und nicht anders liturgieren müsse, wenn sie Anspruch darauf erhebe, mit der Zeit zu gehen. Angesichts einer Zeit, die den geschichtslosen Aktivismus für den Schlüssel zum Paradiese hält und die Forderungen erhebt, man solle ohne Rücksicht auf Herkommen und Geschichte neue Gottesdienstordnungen ab ovo konstruieren, die in Sprache und Gestalt den der Kirche entfremdeten Menschen der Gegenwart zum Ausgangspunkt nehmen, muß betont werden, daß Gottesdienst »ein Stück gelebtes geistliches Leben, aber nicht ein Stück verwirklichter Idee oder eine verschieden gut funktionierende Konstruktion« (Hans Asmussen) ist, also den irdischen Wachstumsgesetzen unterliegt. Trotz aller modernen Versuche, bei der Gestaltung kirchlicher Ordnungen vom Neuen Testament aus gleich in die Gegenwart zu springen, kommt die Liturgik als theologische Wissenschaft genauso wie die Dogmatik nicht darum herum, geschichtlich und systematisch zu arbeiten; jede Agende muß in Kenntnis dessen, was früher einmal war und warum es so war, im Zusammenhang mit dem geschichtlich Gewachsenen, also mit der Tradition, und in Fortführung, Weiterbildung oder Umbildung des Gewordenen und Bestehenden erarbeitet werden.

In der Vergangenheit hat man *einmal* den Versuch unternommen, es anders zu machen: die Aufklärung hat Agenden und Gesangbücher geschaffen, die in jeder Hinsicht so andersartig, so unkonventionell, so modern, so zeitnah und so auf den damaligen Randsiedler der Kirche, den Gebildeten, zugeschnitten waren wie niemals vorher und nachher. Und was ist davon geblieben? Es ist alles wie Spreu zerstoben, als die Erweckung die angeblich unmodernen und verstaubten Lieder und Gebete aus der Zeit vor der Aufklärung wieder entdeckte. Das soll auch uns Heutigen zu denken geben. Eine bevorzugte Dignität theologischer Art haben weder die liturgischen Stücke aus alten Tagen noch die jetzt in der Gegenwart geschaffenen. Der Traditionalismus, der alles am Maßstab der Gewohnheit mißt und für den die Geschichte stehengeblieben ist, ist genauso vom Übel wie der Konstruktivismus, der die Geschichte mißachtet und alle Entscheidungen nur von dem Empfinden und den Anschauungen der Gegenwart abhängig macht.

C. Mahrenholz, Kompendium der Liturgik (1963), 21f.

Haben wir so als Trägerin des Kultus die religiöse Gemeinschaft oder Anstalt und als seinen Gegenstand die Frömmigkeit religionswissenschaftlich erkannt, so ist es nicht schwer, diese Erkenntnisse auf das Christentum anzuwenden und in der Kirche ebenso jene wie in der Frömmigkeit der wirklichen Gemeinde diesen wiederzuerkennen. Die Kirche als Trägerin des Kultus – wir erinnern uns, was wir als Aufgabe der kirchlichen Gemeinschaft im ersten Band S. 272 f. aufgestellt hatten: sie feiert, sie unterrichtet und erzieht und sie hilft an Leib und Seele. Unschwer erkennen wir in den Einzelaufgaben, denen diese Zweige ihrer Arbeit gelten, die großen religionsgeschichtlichen Bestandteile einer jeden höhern Religion wieder, Kultus, Mythus und Moral. Aber wie es in den andern Religionen ist, so auch in der christlichen: der Kultus ist der wichtigste Bestandteil. Eine Kirche hört auf, wenn sie sich in eine Anstalt für Religionsunterricht oder gar für gegenseitige soziale Hilfe verwandelt; im Kultus hat sie das Band, das sie zusammenhält. Denn dieser wendet sich an den Mittelpunkt in dem frommen Menschen. Der Unterricht zielt auf Verstand und Gedächtnis, die Erziehung in der Gemeindearbeit auf den Willen. Natürlich schwingt dabei immer vieles mit, was auf das Herz einströmt und so den ganzen Menschen erfassen will. Aber dies ist und bleibt die Aufgabe des Kultus; er spricht das innerste Leben der Gläubigen an, indem er auf das Gemüt und das Herz zielt, um die tiefsten, die ruhenden Kräfte zu erwecken und die verborgensten Bedürfnisse zu befriedigen. Um so viel höher Maria als Martha steht, so steht die Aufgabe des Kultus über der der Hilfe an Leib und Seele. Und so viel tiefer im Menschen Herz und Gemüt als der Intellekt sind, so viel wichtiger ist der Kultus als der Unterricht. Auf ihn zielt Seelsorge und Gemeindearbeit mannigfach hin; Nachwuchs für die Gemeinde und ihre Hauptveranstaltung gilt es heranzuziehen, ergänzend im Hausbesuch einzuwirken auf die, welche sich jenem fernhalten oder fernbleiben müssen, und Hindernisse allgemeinerer Art in der weiter reichenden Arbeit im Umkreis des Gemeindelebens zu beseitigen. Dafür wirkt der Kultus auch wieder auf die andere Arbeit mannigfach zurück. Er soll wenigstens allen, die in der Gemeinde mitarbeiten, immer wieder etwas von Lust und Liebe aus höhern Regionen zuleiten, wie das Herz die Kraftquelle für die Glieder ist. Im Kultus soll das angebahnt werden, was man ein religiöses Erlebnis nennt. Mit Gott die Gläubigen immer wieder bekannt machen und verbinden zu immer innigerer Gemeinschaft, darauf kommt es zuletzt im Gottesdienste an.

F. Niebergall, Praktische Theologie. Lehre von der kirchlichen Gemeindeerziehung auf religionswissenschaftlicher Grundlage. 2. Bd. (1919), 7f.

Damit der Gottesdienst aufhört, nur eine punktuelle Veranstaltung zu sein, muß er heute auch organisationstechnisch bezogen werden auf die sozialen, politischen und seelsorgerlich-karitativen Aktivitäten der Gemeindegruppen außerhalb der sonntäglichen Gottesdienststunde. Er bereitet diese Aktivitäten vor, er sorgt für eine Erfolgskontrolle. Wie die Lieder Pete Seegers die Aktionen der Bürgerrechtsbewegung begleiten, wird eine neue Korrelation zwischen den amanzipativen Taten der christlichen Gemeinde und deren Initiierung im Gottesdienst nötig. Eine neue, nicht mehr passive Relation zwischen Agierenden und Partizipierenden kann für den Gottesdienst nur erwartet werden, wo jene Erlebnisgemeinsamkeit zustande kommt, die sich auf gemeinsame Taten berufen kann.

b) Das Mißverständnis könnte aufkommen, hier würde nun doch nur plädiert für die Reduktion von Gottesdienst auf Informations-Dokumentation. Dem begegnet meine Unterscheidung von Wärme- und Kältestrom bei der Mitteilung des Christlichen . . ., eine fundamentale Unterscheidung, die den Unterschied zwischen Situationsanalyse, Information und Aufklärung einerseits (Kältestrom) und von symbolischer Antizipation von Verheißenem in multimedialen Bildern und Gleichnissen (Wärmestrom) andererseits festhält. Dominiert analytische Information, wird die Vermittlung des Christlichen tendenziell kalt, partikulär und erneut indoktrinativ. Das noch unverwirklicht Mögliche, das die Gesellschaft unterdrückt mit ihrer Ordnung des Geschäfts, die verdrängten Verheißungen, das drängt eben nicht nur zur *analytischen,* sondern mehr noch zu einer *transfigurierenden* Vermittlung neuer Art, für die allerdings, von Predigt- und Redepassagen Martin Luther Kings, einigen Film-Meditationen und Teilphasen neuer Gottesdienste abgesehen, erst wenige Beispiele in Sicht sind. Solche transfigurierende, symbolische Vermittlung enthält, unter Umständen stärker noch als eine situationsanalytische Information, auch die äußere Rationalität des Widerspruchs gegen jene Ordnung des Geschäfts und gegen die gesellschaftlich nicht wegarbeitbaren Leiden, denn sie zieht ihre Kraft aus dem Vertrauen, daß Erfüllung aller Verheißungen objektiv möglich, da verheißen ist, sowie aus der Erfahrung, daß Erfüllungen subjektiv, wenn auch transitorisch, gegeben sind. Es liegt nahe, aus dem unbedingt dialektischen Verhältnis von Wärme- und Kältestrom bei der Vermittlung des Christlichen auch eine neue Wechselbeziehung von sonntäglicher Gottesdienststunde und alltäglich-politischem Gottesdienst zu gewinnen, im Sinne einer neuen Theorie-Praxis-Vermittlung.

H. E. Bahr, Gottesdienst als Öffentlichkeit. In: Bahr/Cornehl (Hg.), Gottesdienst und Öffentlichkeit (1970), 14f.

2.7. *Stichwort: »Unterricht«/»Erziehung«*

Einführung:

H.-J. Heydorn, Artikel: Erziehung
In: G. Otto (Hg.), Praktisch-theologisches Handbuch (1975²)
H. Roth (Hg.), Begabung und Lernen (1970⁵)
H. Kittel, Evangelische Religionspädagogik (1970)
H. Schilling, Grundlagen der Religionspädagogik (1970)
Deutscher Bildungsrat (Hg.), Empfehlungen der Bildungskommission. Strukturplan für das Bildungswesen (1971³)

Teilgebiete/Aspekte:

– Curriculum
Lit.: W. Klafki u. a., Erziehungswissenschaft 1–3
(Fischer-TB 6106–6108)

- Sozialisation
  Lit.: W. Gottschalch u. a., Sozialisationsforschung (Fischer-TB 6503)
- Schule
  Lit.: W. Klafki u. a., Erziehungswissenschaft 1–3 (Fischer-TB 6106–6108)
- Religionsunterricht
  Lit.: Otto/Dörger/Lott, Neues Handbuch des Religionsunterrichts (1972)
- Konfirmandenunterricht
  Lit.: K. Dienst, Moderne Formen des Konfirmandenunterrichts (1973)
- Jugendarbeit
  Lit.: C. Bäumler, Artikel: Jugendarbeit in: G. Otto (Hg.), Praktisch-theologisches Handbuch (1975²)
- Erwachsenenbildung
  Lit.: J. Lott, Erwachsenenbildung. In: G. Otto (Hg.), Praktisch-theologisches Handbuch (1975²)
- Theologiestudium
  Lit.: Tödt/Hess (Hg.), Reform der theologischen Ausbildung (1967ff.)
- Didaktische Aspekte der Predigt
  Lit.: H. D. Bastian, Theologie der Frage (1970)

Texte

Die Veränderung, die der Mensch unter dem Einfluß des Lernens erfährt, ist nicht die einzige, die er durchmacht. Gleichwichtige Veränderungen erfährt er durch das, was die moderne Erziehungspsychologie »Reifen« nennt. Lernen setzt im Gegensatz zum Reifen immer Aktivität des Verhaltens, Tätigsein, Aufmerken, Üben usw. voraus. Reifen umfaßt das, was uns sozusagen im Schlaf zuwächst. Keineswegs ist nur das gereift, worüber wir schon nach der Geburt verfügen, Reifedurchbrüche erfolgen auch später, zum Teil nach aufzeigbaren und nicht umkehrbaren Entwicklungsgesetzen, wie etwa die Reifestadien beim Gehenlernen, die Gesell exakt untersucht hat, oder das Auftreten des Stimmbruchs in der Reifezeit oder das Nachlassen oder Sichverändern des Gedächtnisses im Alter usw. Das Reifen erfolgt auf Grund innerer Reize unseres Nervensystems mit seinen spezifischen Wachstumsimpulsen; Lernen erfolgt auf Grund äußerer Reize. Eine durch Lernen verursachte Veränderung ist die Folge unserer Auseinandersetzung mit der Umwelt. Hier war es gerade die Tierpsychologie und Tierverhaltensforschung, die Licht in den Zusammenhang zwischen Reifen und Lernen gebracht hat. Der Zusammenhang ist kompliziert. Es ist nach dem heutigen Stand der Forschung wahrscheinlich so, daß es sich um Wechselprozesse handelt, das heißt genauer gesagt, daß manche Reifevorgänge sich völlig unabhängig vom Umweltgeschehen vollziehen und manche Reifevorgänge sich nur voll entwickeln, wenn sich in das »Reifeangebot der Natur« ein Lernpro-

zeß einflicht. Umgekehrt müssen manche Lernprozesse erst »verdaut« werden und sich setzen, mit der ganzen Person integriert, organisch werden, was einer an die Lernaktivität sich anschließenden mehr passiven Ausreifezeit gleichkommt. ...
Das eigentliche Ergebnis des Lernens ist dagegen eine Änderung im Menschen selbst, in seinem Wissen und Können, in seiner Haltung und seinen Interessen, vielleicht nicht einmal immer in den Leistungsformen, obwohl dieses Ergebnis das sichtbarste ist, sondern in der Person selbst, in ihren Einstellungen, Antizipationen, Wahrnehmungen, Bedeutungserlebnissen, also in einer Schicht, die den Leistungs- und Verhaltensformen vorausliegt und vorausgeht.

H. Roth, Pädagogische Psychologie des Lehrens und Lernens (1958[2]), 199 und 201

Religionsunterricht hat die Aufgabe, innerhalb der Möglichkeiten der Gesamtschule Heranwachsende unter konstitutiver Beachtung ihrer eigenen Lebenssituationen in die Reflexion des komplexen Zusammenhangs von Religion und Gesellschaft einzuführen. Verschiedenartigste Inhalte, von Fall zu Fall nichtchristliche ebenso wie christliche, Überlieferung ebenso wie Gegenwartsproblematik, fungieren dabei als Vehikel, mit deren Hilfe Vorstellungen geklärt, Denkprozesse initiiert und Lebensverhältnisse sowohl kritisch hinterfragt wie gegebenenfalls verändert werden können.

Otto/Dörger/Lott, Neues Handbuch des Religionsunterrichts (1972), 21

Erziehung bleibt stets an gegebene Voraussetzungen angeschlossen, je umfassender ihre gesellschaftliche Bedeutung wird und sich die institutionalisierten Formen entwickeln, in denen die Erziehung ihre Verbindung zur organisierten Wissensvermittlung eingeht, um so empfindlicher wird auch das politisch-ökonomische Interesse, das sich über Erziehung reproduzieren und gegen Veränderungen abschützen will. Gesellschaftlich ist die Erziehung daher ein konservierendes Phänomen; die gleiche Gesellschaft, die sich den Veränderungen im Produktionsprozeß sofort unterwirft, läßt im Erziehungsbereich Veränderungen nur zögernd zu, da er ihr unmittelbares Herrschaftsinteresse berührt. Der Erziehungsbegriff gewinnt jedoch mit dem Prozeß seiner Selbstverständigung, der sich dem historisch-gesellschaftlichen Prozeß stetig vermittelt, eine spezifisch antizipatorische Spitze. In der griechischen Aufklärung wird dieser Gesichtspunkt bereits voll erkennbar; in Deutschland gewinnt er mit dem ursprünglichen Ansatz des Neuhumanismus seine größte Aussagekraft. Er charakterisiert sich hier über einen Bildungsbegriff, der den Menschen als unmittelbaren Selbstschöpfer versteht. Unter dem Gesichtspunkt der Perfektibilität gewinnt die Erziehung einen Zukunftscharakter, der die gesellschaftlichen Bedingungen hinter sich läßt, sie vielmehr als Widerspruch zur menschlichen Verwirklichung begreift. Der Sozialisationscharakter der Erziehung, der sie unter das Gebot eines herrschenden Interesses stellt, wird damit übersprungen, sie soll aus dem gegebenen Bedürfniszusammenhang herausführen. Lessings »Erziehung des Menschengeschlechts« drückt dies bereits auf dem Höhepunkt der Aufklärung aus, in unserem Jahrhundert hat Rosenzweig diesen Gesichtspunkt zu einer knappen Formulierung verdichtet; Erziehung sei »Weisen in die Zukunft«. Schleiermacher vollzieht eine bildungstheoretisch bedeutsame Vermittlung. Erziehung muß Gegenwart und Zukunft in gleicher Weise beachten; als Erziehung des Individuums muß sie die unmittelbare Aktualisierbarkeit des Eingriffs, die Möglichkeit seiner Aneignung mit seiner Bedeutung für die Zukunft der Person verbinden, sie richtet sich in gleicher Weise auf Gegenwärtiges und zu Vollendendes. Individueller und gesellschaftlicher Prozeß werden gleichzeitig berührt. Erziehung unterliegt somit stets einem vorgegebenen gesellschaftlichen Interesse, das auf die Stabilisierung der Bedingung gerichtet ist, sie ist zugleich ein Instrument, um den verborgenen Menschen an das Licht zu bringen, ihn aus seiner Geschichte auftauchen zu lassen. Sie ist Instrumentarium zur Verwirklichung des Geschlechts. Am Begabungsbegriff kann das Gemeinte exemplifiziert werden. Die arbeitsteilige Gesellschaft bedarf immer nur eines fragmentarischen Menschen; Begabungen werden, den wechselnden Produktionsbedürfnissen gemäß, erzeugt und wieder vernichtet. Der Widerspruch zwischen geistiger und körperlicher Arbeit wird mit dieser Arbeitsteilung aufrecht erhalten, Verfügung somit über den Menschen, die ihn an der Selbstergreifung hindert. Arbeitsteilige Formen sind Herrschaftsformen. Als historischer Prozeß muß sich der Erziehungsprozeß diesen Bedingungen der gesellschaftlichen Arbeit und den mit ihr geprägten Verkehrsformen unterwerfen. Erziehung ist daher kein Vorgang, der an und für sich genommen werden könnte, alle Erziehung vollzieht sich an konkreten, vorgegebenen Inhalten und wird über sie wirksam. Diese Inhalte begrenzen; sie stellen die Entwicklung der menschlichen Fähigkeiten unter das Gebot ihrer gesellschaftlichen Verwertung. Zugleich jedoch muß Erziehung als unbeendeter Versuch verstanden werden; der Gedanke, daß der einseitigen und damit verstümmelten Erscheinung des Menschen eine universelle Möglichkeit unterliegt, wird mit der Renaissance, durch Humboldt und Marx entscheidend artikuliert. Damit wird eingeschlossen, daß Erziehung, als Prozeß der Bewußtmachung, eine Freiheit hervorbringt, durch die sich der Mensch selber und mit sich selbst seine Umwelt verändern kann, um schließlich ganz unverkürzt in seine Geschichte einzutreten. ...

Erziehung, die die verändernde Handlungsfähigkeit des Menschen im Auge hat, größeres, zukünftiges Glück für alle in einer Welt, in der ungezählte Menschen nicht einmal physisch überleben dürfen, muß auf ein menschlich qualitatives Glück verweisen. Den seinem subjektiven Genuß nachgehenden Menschen braucht eine unmenschliche Gesellschaft nicht zu fürchten. Die Anstrengung, die die Erziehung verlangt, ist daher nur zu rechtfertigen, wenn sie über sich selbst hinausweist und einen zukünftigen Inhalt anstrebt; Anstrengung, die sich nur an der Repression einer Gegenwart orientiert, ist menschenfeindlich. Auch hier wird das Spannungsgefüge erkennbar. Erziehung muß sich den vorgegebenen Widersprüchen unterwerfen, da nur über ihre Aneignung Zukunft möglich wird, sie muß sich an der Geschichte abarbeiten; das Durchlaufen eines gegenwärtigen Widerspruchs rechtfertigt sich jedoch nur über die Zukunft. Die Mühsal steht unter dem Anspruch, Gegenwärtiges hinter sich zu lassen; nur dann darf sie nicht zurückgewiesen werden.

Erziehung wird somit in ein umfassenderes, zutiefst antagonistisches Verhältnis gerückt. Sie ist ein qualitativ eigenes Phänomen innerhalb der Gesellschaftlichkeit, durch sie determiniert, aber zugleich dazu bestimmt, verändernd auf sie zurückzuwirken. ...

Elternhaus und Schule sind nach wie vor die entscheidenden Erziehungsfaktoren, da Erziehung nur über einen intentionalen Ansatz verstanden werden kann. Dem Erziehungsvorgang laufen ungezählte Einwirkungen parallel, die sich bei wachsend anonymem Charakter der Kontrolle entziehen. Die Manipulation des jugendlichen Bewußtseins wird um so größer, je mehr die Altersgruppen als Marktfaktor entdeckt werden. Ohne Zweifel wird damit die Bewußtseinslage von Eltern und Lehrerschaft mit verändert. Ein Defätismus ist dennoch unangebracht. Nach wie vor macht nur der Mensch dem Menschen Hoffnung zu leben. Erkenntnis allein bewirkt Verzweiflung; die Fremdbestimmung erzeugt kein Glück, sondern wachsende Neurosen, die Ausdruck eines dauerhaften gefährlichen Leidens sind. Erkenntnisvermittlung und glaubhaft gemachte Hoffnung auf Leben machen den Erziehungsvorgang aus; er ist weder ersetzbar noch quantitativ ausdrückbar. Die Wirkung des Menschen auf den Menschen bleibt eine entscheidende Größe; selbst eine flüchtige, aber bedeutsame Begegnung kann ein bestimmendes Gewicht für das Leben haben. Der technologische Apparat, der heute von der Erziehung Besitz ergreift, ist der Sache nach indifferent; er wird mit den Inhalten gefüttert, die ein bestehendes Interesse erheischt. Mit ihm steigern sich, wie über alle Bereiche der Technologie, Möglichkeiten; er kann neues instrumentarium possibilis salutis sein, aber auch einer bisher unbekannten Perversion. Was der Erzieher selber beiträgt, gewinnt daher unabsehbare Bedeutung; er muß den Einbruch des Bewußtseins in die Determination auslösen. Im »Kot der Welt«, um mit Pestalozzi zu reden, muß er sich selbst erziehen, Erkenntnis und Moralität unaufhörlich entwickeln. Der Hinweis erscheint konservativ; zu Ende gedacht ist er revolutionär, bringt er den Erzieher doch an die Spitze des Kampfes um die Realisierung der Menschenwürde.

H.-J. Heydorn, Erziehung. In: G. Otto (Hg.), Praktisch-theologisches Handbuch (1975^2), 152–155

Im G e i s t e des Unterrichtes prägt sich, so sagt man mit Recht, das erziehliche Moment aus; aber eben damit ist auch ausgesprochen, daß der letztere von daher seinen besonderen C h a r a k t e r empfängt. Der allgemeinen Didaktik stellt dann die Pädagogik überhaupt die Forderung, daß, was auch gelehrt werde, nicht nur der Ernst des Lernens in seinem sammelnden, zuchtenden und reifenden Einflusse zur Wirkung gebracht werde, sondern das einheitliche Ziel der Bildung und Berufstüchtigkeit auf alles Einzelne mit sittlichen, den Willen betheiligenden, und zum Idealziele erhebenden Einflüssen vom Ende her herüberwirke. Unverkennbar macht sich dabei schon geltend, daß einzelne Unterrichtszweige dafür viel unmittelbarer und reicher Gelegenheit geben als die anderen. Die Schule hat keinen Unterrichtsgegenstand aufzuweisen, der an Reichthum und Innerlichkeit erziehlichen Einflusses dem Religionsunterrichte gleichkäme. Mittelst desselben aber participiert die Schule an der specifisch-kirchlichen Aufgabe und schuldet der Concurrenz des religiös-kirchlichen Factors die Anerkennung einer über Alle ihr sonst eigenen Mittel weit hinausreichenden Macht sittlich erziehenden Einflusses. Wir haben mit diesem Factor für sich allein und als mit einem Gebiete zu thun, das, wer immer an seiner Pflege und Ausbeutung mit betheiligt sein möge, als Lebensgebiet der Kirche zugehört. Aller christliche Religionsunterricht gehört zum kirchlichen Katechumenate, und steht somit unter christlich kirchlichen Normen und Zielen.

Der erziehliche Einfluß, der hier den unterrichtlichen begleiten soll, ist, wie der letztere selbst, in erster Linie religiös, und damit beides zugleich sittlich und kirchlich. Dann würde das allgemeine Gesetz lauten, daß dem religiösen Stoffe als Geist des Unterrichtes die religiöse Weihe und der religiöse Ernst entspreche, welcher letztere seinerseits wieder sittliche Wahrhaftigkeit und persönliche Hingebung oder Begeisterung zu seinen nächsten psychologischen Voraussetzungen hat. Das heißt aber mit anderen Worten: Der Gegenstand des Unterrichts selbst trägt hier den Geist sittlich erziehlicher Kraft in sich.

Nach der einen Seite ist es die höhere, vielmehr höchste Auctorität, mit der da gehandelt, und die dem entsprechend da im Gewissen empfunden wird, wo als Gottes Offenbarung, Forderung und Werk Alles was gelehrt wird zum Bewußtsein gebracht, und von Lehrer wie Schüler in gleicher Unterordnung und Scheu geehrt sein will: – Gesichtspunkte, die bei der Theorie der offenbarungsmäßig-positiven Lehrart die bestimmenden Ausgangspunkte bildeten. Der untrennbare Zusammenhang zwischen allem sittlichen Gewissenszeugnisse und -Gesetze mit diesem religiösen Abhängigkeitsbewußtsein, an das aller Offenbarungsunterricht anknüpft und appelliert, begründet die direct ethische Wirkung dieses Unterrichtes nach ihrem Nachdrucke wie nach ihrer Innerlichkeit.

Aber im Unterschiede von der gesetzlich sich geltend machend Auctorität, wie man sie ja auch für das, was man positive Religionen im weiteren Sinne nennt, in Anspruch nimmt, und wie sie in der äußerlich kirchlichen Vermittlung des Auctoritätseindruckes läge: tritt in dem Geiste neutestamentlich evangelischen Christenthumes die offenbarungsmäßige Auctorität unter der Vermittlung des persönlichen Zeugnisses eigener Glaubensentschiedenheit und erfahrungsmäßigen Glaubenslebens an die Empfänger dieses Unterrichtes heran. Hier zeugt von vornherein die ergriffene Persönlichkeit, und der Geist Jesu Christi bezeugt sich als ein in christlichen Persönlichkeiten lebendiger und persönlich wirksamer. Darin gründet ja das Geheimniß der im Zeugnisse des Glaubens von dem Heile in Christo ruhenden Erzeugerkraft neuen persönlichen Glaubens- und Geisteslebens in Anderen. *»Verbum praedicatum et auditum«*, wie unser Bekenntniß es ausspricht, ist neutestamentliche Form des Heilswortes und seiner Wirkung: die Kraftquelle der Parrhesie des Homileten. Die Aufgabe des Katecheten ist eine nicht unwesentlich andere. Lehre als Unterricht hat gleichsam objectiver, unvermittelter das Wort als Nahrung des keimmäßigen Geisteslebens aus der Taufe und als selbständigen Samen des Lebens der Wiedergeburt darzubieten.

C. A. v. Zezschwitz, System der christlich kirchlichen Katechetik, II. Bd. (1872), 576 f.

2.8. *Stichwort: »Beratung«/»Seelsorge«*

Einführung:

W. Neidhart, Artikel: Seelsorge
In: G. Otto (Hg.), Praktisch-theologisches Handbuch (1975^2)
J. Scharfenberg, Religion zwischen Wahn und Wirklichkeit (1972)
D. Stollberg, Therapeutische Seelsorge (1969)
W. Zijlstra, Seelsorge-Training (1971)

Teilgebiete/Aspekte:

- Seelsorge und Kirchenbegriff
  Lit.: H. O. Wölber, Das Gewissen der Kirche (1963), bes. 72 ff.
- Seelsorge und Kirchenzucht
  Lit.: E. Thurneysen, Die Lehre von der Seelsorge (1967^3)
- Seelsorgeausbildung
  Lit.: H. Argelander (Hg.), Konkrete Seelsorge (1973)
- Seelsorgerliches Gespräch
  Lit.: H. Faber/E. v. d. Schoot, Praktikum des seelsorgerlichen Gesprächs (1970^2)
- Seelsorge und Gruppendynamik
  Lit.: J. W. Knowles, Gruppenberatung als Seelsorge und Lebenshilfe (1971)
- Beratung/Gespräch
  Lit.: H. J. Clinebell, Modelle beratender Seelsorge (1971)
- Tiefenpsychologie/Psychotherapie und Seelsorge
  Lit.: J. Scharfenberg, Seelsorge als Gespräch (1972)
- Beichte
  Lit.: W. Uhsadel, Ev. Beichte in Vergangenheit und Gegenwart (1961)

Texte

Seelsorge findet sich in der Kirche vor als Ausrichtung des Wortes Gottes an den Einzelnen. Sie ist wie alles rechtmäßige Tun der Kirche begründet in der Lebendigkeit des der Kirche gegebenen Wortes Gottes, das darnach verlangt, in mancherlei Gestalt ausgerichtet zu werden ...

Seelsorge ist ein Mittel, das zum Ziele hat, den Einzelnen, da ihn ja Gott nicht preisgeben will, zu Predigt und Sakrament und damit zum Worte Gottes zu führen, ihn in die Gemeinde einzugliedern und dabei zu erhalten. So verstanden ist sie ein Akt der Heiligung und der Zucht, durch den die Gemeinde in ihrer sichtbaren Gestalt erbaut und lebendig erhalten, und der Einzelne vor seiner geistlichen Verwahrlosung und Verderbnis gerettet und bewahrt wird …

Weil das Seelsorgegespräch das ganze Feld des menschlichen Lebens mit allen darin wirksamen psychologischen, weltanschaulichen, soziologischen und moralischen Deutungen und Beurteilungen dem Urteile des Wortes Gottes unterstellt, darum geht durch das ganze Gespräch eine Bruchlinie, die anzeigt, daß das menschliche Urteilen und Bewerten und das ihm entsprechende Verhalten hier zwar nicht außer Kraft gesetzt, aber daß es in seiner Vorläufigkeit erkannt ist. Da der Mensch sich diese Relativierung und damit gegebene Beschränkung seines natürlichen Urteils nicht gefallen läßt, sondern sich dagegen zur Wehr setzt, wird das Seelsorgegespräch zum Kampfgespräch, in welchem um die Durchsetzung des Urteils Gottes zum Heil des Menschen gerungen wird.

Wir haben von der *Gestalt* des seelsorgerlichen Gesprächs gehandelt und haben nun zu handeln von dessen *Inhalt*, der in der Ausrichtung der Vergebung der Sünden besteht. Aber vorgängig ist ein Charakteristikum des seelsorgerlichen Gesprächs zu bedenken, das halb noch die Gestalt, halb schon das Inhaltliche dieses Gespräches betrifft. Wir sprechen von der *Bruchlinie*, die durch das seelsorgerliche Gespräch hindurchgeht.

Das Seelsorgegespräch verläuft sozusagen auf zwei Ebenen. Sein Stoff entstammt der allgemeinen menschlichen Lebenslage, und das Gespräch nimmt ihn auf, wie eben im Gespräch ein Tatbestand, ein Problem, ein Anliegen aufgenommen und mit Hilfe der sich uns darbietenden Gesichtspunkte psychologischer und allgemein weltanschaulicher Art bearbeitet wird. Aber dann geschieht es, daß im Verlauf des Gespräches selber diese zunächst sich darbietenden Gesichtspunkte in bestimmter Weise überboten werden durch die übergreifende Betrachtung aller Dinge, wie sie vom Worte Gottes her in Kraft tritt. Der Gegenstand, der zur Betrachtung steht, wird also im seelsorgerlichen Gespräche von seiner ihm eigenen Ebene weggenommen und hinübergerückt in das Licht des Wortes Gottes. Darum ist das seelsorgerliche Gespräch gekennzeichnet durch eine seinen ganzen Verlauf bestimmende Bewegung des Zugreifens und Wegnehmens, des Erfassens und Aufgreifens und Bearbeitens menschlicher Tatbestände und zugleich des Unterstellens dieser Tatbestände unter ein völlig neues, alles Menschliche überbietendes Urteil. Dabei ist dieses Wegnehmen, Hinübertragen und Unterstellen nicht ein Zweites, das zu einem Ersten hinzukommt, sondern es ist der ganze Sinn des Gespräches, das hier eigentlich Gemeinte und Gewollte. Das ganze Gespräch ist von Anfang an darauf gerichtet, daß es in ihm zu diesem Übergang komme. Man faßt im seelsorgerlichen Gespräch schon den Tatbestand auf als Einer, der nichts anderes weiß, als daß die Vergebung der Sünden im Worte Gottes über diesem Tatbestand mächtig werden muß. Man beurteilt von vornherein alles als Einer, der zwar nicht ein menschliches, dafür aber umso unzweideutiger das göttliche Vorurteil über allem menschlichen Geschehen kennt und davon lebt. Dieses Geltendmachen eines über allem Menschlichen im buchstäblichen Sinne als *Vor*-Urteil waltenden göttlichen Urteils und das dadurch bedingte Hineinstellen aller menschlichen Dinge in das neue Licht dieses Urteiles – das ist gemeint, wenn hier vom Bruch im seelsorgerlichen Gespräch die Rede ist als einem für dieses Gespräch geradezu entscheidenden formalen und mehr als formalen Charakteristikum. Es ist uns diese Bruchlinie schon in unsern bisherigen Erwägungen über die Gestalt des seelsorgerlichen Gespräches entgegengetreten. Wir versuchen sie nun als solche hervorzuheben.

Wir haben zu bedenken, daß es im seelsorgerlichen Gespräch um *das wirkliche Verstehen* der menschlichen Lebenslage geht. Wir haben dieses Verstehen charakterisiert als ein Zuhören, aber ein höchst aktives Zuhören, ein Zuhören, das, weil es vom Worte Gottes herkommt, den Willen zum Ausrichten seiner Botschaft, zum Hineintragen ihrer Wahrheit in das Leben des Menschen in sich schließt. Verstehen heißt nun aber, so aufgefaßt, nichts anderes als die Ausführung jener doppelten Bewegung des Hintretens, Hinstehens an den Ort des Nächsten, aber so, daß man von einem ganz andern Orte herkommt und in der Kraft dieses andern Ortes seinem Nächsten an seinem Orte helfen will. Man hilft im seelsorgerlichen Gespräch seinem Nächsten damit, daß man ihn ganz *auf*nimmt in seiner ihm eigenen Lebenslage, aber ihn auch ganz *mit*nimmt hinein in das Licht und die Kraft jenes andern Ortes, von dem man selber herkommt. Weil dieses Verstehen den Sinn und Gehalt des ganzen Gespräches ausmacht, darum wird man mit diesem Verstehen nie oder besser gesagt erst mit dem Ende des Gespräches selber zu Ende gekommen sein. Und das heißt wiederum, daß diese Doppelbewegung des Aufnehmens und Mitnehmens und somit der Bruch, der durch dieses Gespräch hindurchgeht, das ganze Gespräch von Anfang bis zu Ende durchziehen muß. Wohl entspricht der Doppelheit dieser Bewegung eine Doppelheit der äußeren Funktion des Gespräches; es vollzieht sich in der Form eines *Zuhörens* im einfachen Sinne des Wortes und eines *Zusprechens.* Aber so gewiß diese beiden Funktionen zwar äußerlich unterschieden werden können, so gewiß dienen sie doch beide dem *einen* Vorgang des Verstehens und sind darum nicht voneinander zu lösen. Es wird nie Eines da sein ohne das Andere. Es geht vergleichsweise zu wie beim Arzte: er hat zunächst die Anamnese zu machen, den Patienten anzuhören und zu untersuchen und die Diagnose zu stellen, und dann erst geht er zum Eingriff über. Aber auch dann und gerade dann muß er erst recht die ganze Lage des Kranken vor Augen haben und vor Augen behalten, um in der rechten Weise eingreifen zu können. Genau so ist das Aufnehmen der Lage des Menschen und das Mitnehmen zum Worte Gottes hin nicht voneinander zu trennen.

E. Thurneysen, Die Lehre von der Seelsorge (1957), 9, 26 und 114ff.

Die kirchliche spezielle Seelsorge steht im innigsten Zusammenhang mit allen anderen Funktionen, welche die Kirche durch ihren Mandatar, das Geistliche Amt, ausübt. Sie alle haben keinen andern Lebenszweck als die Cura animarum. Cura animarum treibt der Prediger auf der Kanzel an der gewordenen Gemeinde, der Katechet im Lehrsaal an der werdenden Gemeinde. Dieselbe Cura animarum, welche dort als generalis sich erweist, erweist sich in der speziellen kirchlichen Seelsorge als Cura animarum specialis. Wie es dort die Heiligkeit der Kirche ist mit ihrer Aufgabe, das Heilsgut, welches Christus der Kirche gegeben hat, zu bewahren und auf die Kirche wirksam werden zu lassen, so ist es auch in der speziellen kirchlichen Seelsorge die Heiligkeit der Kirche, welche diese ihre Tätigkeit hervortreibt, damit durch den Dienst der Kirche an den einzelnen das, was die Kirche ihrer Qualität nach ist, zum Vollzuge komme. Demnach ist Poimenik die Lehre von der speziellen kirchlichen Seelsorge oder von der Betätigung der Heiligkeit der Kirche an den einzelnen Gliedern der werdenden und der gewordenen Gemeinde.

E. C. Achelis, Lehrbuch der Praktischen Theologie, III. Bd. (1911[3]), 8

Pastoralpsychologie läßt sich nicht von den beiden anderen Hauptaspekten der Seelsorgebewegung, dem psychotherapeutisch orientierten Seelsorgegespräch (Pastoral Counseling) und der Seelsorge-Ausbildung in klinischen Semestern (Clinical Pastoral Training), trennen. Denn sie ermöglicht als theoretisch-anthropologische Grundlage eine entsprechende, selbstkritische Praxis, wie sie umgekehrt durch die Praxis ständig korrigiert und bereichert wird. Auch geschichtlich bildet die Entwicklung der modernen Pastoralpsychologie, des Clinical Pastoral Training und des Pastoral Counseling von Anfang an eine Einheit, Anton T. Boisen gilt in den USA sowohl als Begründer des Clinical Pastoral Training wie auch als bedeutender pastoralpsychologischer Autor und Counseling-Lehrer. Auf dem Kontinent darf man den Beginn einer zeitgemäßen Pastoralpsychologie wohl mit dem Erscheinen der Arbeiten Oskar Pfisters und Werner Gruehns ansetzen, die wie ihre amerikanischen Kollegen der religionspsychologischen Schule und der Freudschen Psychoanalyse in gleicher Weise verpflichtet sind. Die amerikanische Seelsorgebewegung suchte von Anfang an die Ergebnisse kontinentaler Forscher, vor allem der tiefenpsychologischen Schulen, ihrer Pastoralpsychologie zu integrieren und erlebte mit ihrer Arbeit einen solchen Aufschwung, daß die nach 1945 erschienene pastoralpsychologische Literatur heute unüberschaubar geworden ist. ...
Nach Johnson ist Pastoralpsychologie »the application of psychology to pastoral work«. Hiltner formuliert: »Pastoral psychology is that psychology which has implications for the pastor.« Er möchte damit das Mißverständnis vermeiden, es handle sich um eine »angewandte« Wissenschaft, deren in »säkularem« Kontext vorgefertigte Ergebnisse in den kirchlichen Zusammenhang lediglich übernommen und für die kirchliche Praxis fruchtbar gemacht würden. Zwar ist Pastoralpsychologie Psychologie *für* den Pfarrer und *für* das kirchliche Leben, aber sie geht stets auch *aus* der kritischen Reflexion der Erfahrung des Pfarrers und des kirchlichen Lebens überhaupt hervor. Theorie und Empirie sind nicht wie Erkenntnis und Anwendung aufeinander bezogen, sondern sie bilden einen Zirkel. Hiltner wird nicht müde, auf diese

Tatsache hinzuweisen. Die Quelle pastoralpsychologischer Erkenntnis ist nach Hiltner nicht eine allgemeine, profanwissenschaftliche Psychologie, die aus Büchern zu lernen und vom Pfarrer zu applizieren wäre, sondern die praktische Erfahrung, die der Pfarrer kritisch reflektiert. Das Ergebnis dieser intentional und systematisch betriebenen Reflexion hat wiederum Einfluß auf die weitere Praxis, welche so immer neue Theorien hervorbringt.

D. Stollberg, Therapeutische Seelsorge (1969), 60 f.

Weiterführende Arbeitsmöglichkeiten

– *Assoziieren* Sie frei weitere »Teilgebiete/Aspekte« zu einem der gegebenen »Stichworte«.
– *Differenzieren* Sie einen der unter »Teilgebiete/Aspekte« genannten Bereiche anhand der gegebenen Literatur (ggf. bis zu einer Arbeitsgliederung).
– *Ermitteln* Sie weitere »Teilgebiete/Aspekte« zu einem der gegebenen »Stichworte« aufgrund der Lektüre eines der unter »Einführung« genannten Werke.
– Stellen Sie für eines der genannten »Teilgebiete/Aspekte« eine kleine *Bibliographie* auf, ausgehend von dem dort genannten Buchtitel, den unter »Einführung« aufgeführten Werken und den in 0.1. zusammengestellten Hilfsmitteln.
– *Finden* Sie weitere relevante »Stichworte«, gliedern Sie diese neuen Stichworte ebenfalls in »Teilgebiete/Aspekte« auf und versehen Sie sie mit Hilfe der in 0.1. zusammengestellten Bibliographie mit ersten Literaturangaben.

3. Dritter Schritt: Was heißt und was leistet Praktische Theologie?

Literatur:

E. Hirsch, Geschichte der neuern evangelischen Theologie, bes. Bd. 4 und 5 (1960)
G. Krause (Hg.), Praktische Theologie. Texte zum Werden und Selbstverständnis der praktischen Disziplin der evangelischen Theologie (1972)
W. Birnbaum, Theologische Wandlungen von Schleiermacher bis Karl Barth. Eine enzyklopädische Studie zur praktischen Theologie (1963)
P. Neuenzeit (Hg.), Die Funktion der Theologie in Kirche und Gesellschaft (1969)
H. Siemers/H.-R. Reuter (Hg.), Theologie als Wissenschaft in der Gesellschaft (1970)
H. Siemers (Hg.), Theologie zwischen Anpassung und Isolation (Urban-TB 611)
D. Rößler, Prolegomena zur Praktischen Theologie
in: Zeitschrift für Theologie und Kirche 64. Jg./1967
B. Päschke, Praktische Theologie als kritische Handlungswissenschaft
in: Theologia Practica VI/1971
G. Otto, Praktische Theologie als kritische Theorie religiös vermittelter Praxis in der Gesellschaft
in: G. Otto (Hg.), Praktisch-theologisches Handbuch (1975[2])
Theologia Practica IX/1974/Heft 1 und 2
F. Klostermann/R. Zerfaß (Hg.), Praktische Theologie heute (1974)

Ziele:

Ging es im zweiten Schritt um den Gewinn von Einsichten durch ansatzweise Beschäftigung mit einzelnen Arbeitsfeldern Praktischer Theologie, so jetzt um die kritische Auseinandersetzung mit *Gesamtverständnissen,* mit »Konzeptionen« Praktischer Theologie. Dazu gehört auch die Einsicht in deren Veränderungen.

Mögliches Vorgehen:

– Detaillierte Analyse des Textes von A. Schweizer als Beispiel einer Konzeption von Praktischer Theologie.
– Vergleich zwischen Schweizer und dem Ansatz der Pastoraltheologie.
– Vergleich zwischen Schweizer und den eigenen im »Brainstorming« entwickelten Erwartungen und Vorstellungen.
– Aufnahme von Diskussionsergebnissen und Fragestellungen des zweiten Schrittes (Handlungsfelder/Problembereiche) und Einbeziehung in die Frage nach einem Gesamtverständnis.

– Vergleich verschiedener relativ knapp formulierter Konzeptionen von Praktischer Theologie, z. B.:
– Vergleich der Artikel »Praktische Theologie« in verschiedenen Auflagen der RGG;
– Vergleich der Artikel »Praktische Theologie« in verschiedenen annähernd gleichzeitigen Lexika (z. B.: RGG³, EKL, LThK);
– Vergleich der Beiträge des Abschnittes »2.2. Ansätze zu einem neuen Selbstverständnis« in Klostermann/Zerfaß (Hg.), Praktische Theologie heute (1974), 132 bis 205.
– Eigene Formulierungsversuche: Aufgabe und Verständnis Praktischer Theologie unter gegenwärtigen Bedingungen.

A. Schweizer

Über Begriff und Einteilung der Praktischen Theologie (1836; Auszug)

Wenn schon von Nitzsch zu tadeln war, daß die praktische Theologie bisher fast bloß in Form eines schlechten Empirismus angelegt wurde und gar zu sehr abhängig vom jedesmaligen Bedürfnis der Gegenwart: so hat dieser Tadel nicht die Meinung, als sollte die empirische Konstruktion etwa durch eine a priori, wie man es früher mehr als jetzt nannte, verdrängt werden; a priori kann die Theorie schon darum nicht ersonnen werden, weil sie erst, nachdem sich die Praxis einigermaßen geltend gemacht hat, entsteht; vielmehr wird, was Nitzsch von Schleiermacher sagt, als etwas Richtiges beizubehalten sein, »quum caeteri scriptores, nasci sibi hanc theoriam e praxi praesenti aut praeterita paterentur, etiam Schleiermachero eam de theologia rationem reddendam fuisse haud infitiabimur, quae cum universa ejus historia ideaque probe conveniret«. (Wenn die anderen Autoren erkennen lassen, daß sie diese Theorie aus gegenwärtiger und vergangener Praxis gewinnen, wollen wir nicht leugnen, daß auch durch Schleiermacher jener Sinn der Theologie zurückgewonnen worden ist, welcher mit seiner »allgemeinen Geschichte und Idee« voll zusammenstimmt). Ein Rücksichtnehmen auf die bisherige Praxis wird also immer mitwirken müssen zur Aufstellung der praktischen Theologie, nur kein Unterordnen derselben unter die Beschaffenheit der Praxis, so daß, wie wir unten sehen werden, auch Schleiermacher hierin vielleicht zuviel nachgegeben hat. So unziemlich freilich jene reine Konstruktion a priori wäre, so ist doch jedenfalls noch verfehlter, die Theorie von der Praxis und ihrer zufälligen Beschaffenheit abhängig zu machen, wobei dann immer jene auffallende Frage zu erörtern war, ob diese Theorie denn eigentlich notwendig sei und doch auch etwas nütze, was pflichtschuldigst dann bejaht wird und bewiesen, so gut es geht. Eine Disziplin aber, die mit der Nachweisung beginnen muß, daß sie doch auch nützlich sei, hat noch keine Wurzel im Boden der Wissenschaft. Es schloß sich dann die Untersuchung an, ob auch der geistliche Beruf etwas Nützliches sei, was ebenso bejaht wird mit etwas geringerer Mühe, seit Spalding eine eigene »Nutzbarkeit des Predigtamtes« geschrieben hat, eine Ehre, die schwerlich viel andern Berufsarten widerfahren mußte. Alles dies sind Zeichen fehlender Begründung der praktischen Theologie, womit jedoch solchen Untersuchungen nicht aller Nutzen abgesprochen sein soll, sobald sie sich außerhalb der Wissenschaft halten; und ganz natürlich mußten sie sich bilden, denn griff man nur auf, was gerade vorhanden war in der Praxis, und machte eine Theorie dazu: so mußte ermittelt werden, ob das Aufgegriffene auch ein Seinsollendes oder etwa nur eine Korruption des geselligen Zustandes sei, was übrigens aus der Praxis selbst nicht einmal gehörig ermittelt werden kann, da nur die Spekulation das Notwendige erkennt. Daher muß die praktische Theologie entweder an sich selbst verzweifeln, oder sich, wenn auch noch so sehr Rücksicht nehmend auf die kirchliche Praxis, mitsamt dieser aus Ideen ableiten; sie muß sich und ihre Praxis begreifen, nicht nur darüber hin und herreden. Daher wird sie wie alle Theorie nur kritisch zustande gebracht, d. h. abgeleitet aus Ideen, aber überall mit Rücksicht auf die Praxis, welche geleitet werden soll.

Dieses Ableiten aus Ideen nun ist, um mit der obengenannten Rezension zu reden, die *Deduktion aus dem Begriff der Theologie;* unsre erste Operation muß also sein, diesen Begriff zu erkennen.

Unsre Theorie heißt praktische Theologie, aber da sie, wie Nitzsch treffend bemerkt, mehr als keine andere theologische Disziplin *Theorie* sein will, wie kann man ihr, was aus der Theologie nicht zu ihr gehört, als theoretische gegenüberstellen? Also schon das Aufnehmen einer von der theoretischen verschiedenen praktischen Theologie wäre ein ungerechtfertigter Empirismus, nur um eine Stufe höher als das bloße Voraussetzen eines geistlichen Berufes, von dessen Wesen, Zweck und Ausübung die praktische Theologie dann handeln würde. – Wir müssen zurückgehen auf den Begriff der Theologie.

...

Unsre Einteilung der praktischen Theologie ist also diese: 1. *Theorie des Kirchenregiments* (der konstituierenden Tätigkeit), welche wir hier nicht weiter eingeteilt haben. – II. *Theorie des Kirchendienstes* (der klerikalischen Tätigkeit). 1. *Theorie des Kultus* a) Liturgik. b) Homiletik. 2. *Pastoraltheologie* (Seelsorge) a) pfarramtliche. b) freie. 3. *Halievtik* (Theorie der gewinnenden Tätigkeit) a) Katechetik. b) Theorie des Missionswesens. Als gebundenere Tätigkeiten erscheinen also Liturgik, pfarramtliche und katechetische Disziplin; als freiere Homiletik, freiere Seelsorge und Missionswesen (in einem weitern Sinne). Beim Gebundensten wäre begonnen, bei der Liturgik; und beim Freisten, bei der Theorie des Missionswesens, würde geendet. Aus Rücksicht auf die Verhältnisse im Leben der Kirche selbst ordneten wir den durch alles gehenden Gegensatz des mehr Freien und des mehr Gebundenen, welcher sonst die Obereinteilung sein könnte, den Teilungsgründen unter, die sich im Begriff der Gemeinde und ihres Lebens finden. In diesem Begriff lag aber zuerst das Leben der Gemeinde als Totalität, dann als bestehend aus einzelnen, endlich als beständig das Sterben der Mitglieder durch das Gewinnen neuer ersetzend; in diesen drei Sphären ist die kirchliche Tätigkeit jedesmal eine qualitativ andre. Darum ist jede für sich zu behandeln, die gottesdienstliche, pastorale und halieutische, deren jede ein Ganzes ist, das sich dann sondert in mehr Freies und mehr Gebundenes. Für eine Theorie, die als solche auf die Praxis Rücksicht zu nehmen hat, wäre es viel schwieriger, das

mehr Freie und mehr Gebundene zur obersten Einteilung zu haben, und daraus, daß beide in drei verschiedenen Provinzen sich zeigen, dann Untereinteilungen herzuleiten. Die bloße Sonderung wird also der wirklichen Einteilung mit Recht untergeordnet. Letztere liegt aber im Begriff der Gemeinde, gleichviel ob man ihn mehr empirisch oder mehr spekulativ aufstelle. Kaum verdient hierbei ein Interesse der gemeinen Logik ausdrückliche Abweisung, nämlich der Einwurf, daß eine Betrachtung der Gemeinde als Totalität, dann als aus einzelnen bestehend, endlich als sich reproduzierend unlogisch sei, indem so verschiedenartige Einteilungsgründe sich kreuzen; denn mag man auch gewöhnlich der Totalität nur noch die einzelnen, dem Sichergänzen durch neuen Zuwachs aber nur das ruhende Sein ohne Zuwachs gegenüberstellen: so ist dies von sehr untergeordnetem Belang und kann uns nicht zur Umkehr bestimmen, denn der wahre Begriff einer *lebendigen Gemeinde* besteht aus den drei Elementen, es ist in ihr eine Totalität, die hat in sich eine Menge von einzelnen, und besteht bei fortwährendem Absterben der Dagewesenen nur in fortwährendem Ergänztwerden. Würden wir, der abstrakten Logik folgend, bloß Totalität und einzelne setzen, so hätten wir auch nur die abstrakte Gemeinde betrachtet; wir haben es aber mit der konkreten, lebenden zu tun.
Ob nun diese Aufstellung der praktischen Theologie die wahre sei, also ihre Grundzüge für immer gelten, ob dieser Versuch gefunden habe das noch nicht Gefundene, bleibt eine Frage, die auch mir nur die Zukunft beantworten könnte, jedenfalls aber bin ich gewiß, mehr Befriedigung in ihm zu finden als in der bisherigen Behandlungsweise, und werde ihn verfolgen, bis die jetzt hie und da entstehenden Bestrebungen, die praktische Theologie wissenschaftlich aufzubauen, ihre glücklichere Lösung anderswie finden würden...
Hätten wir unsre Einteilung, ohne ihre Deduktion aus dem Begriff der Theologie, nur als Resultat hingestellt, so würde sie nicht als eine eben neue sich auszeichnen, denn die gewöhnlichen Einteilungsweisen scheinen ihr sehr nahe zu stehen. Gerade dieses aber ist ein gutes Zeichen für die gegebene Operation; denn das wahre Aufräumen in irgendeinem Gebiet ist doch schwerlich das Beseitigen aller bisherigen, durch die Anstrengung von Jahrhunderten hingestellten Leistungen; das Aufräumen wird nicht alles Bisherige als lauter Verkehrtheit darstellen, sondern lieber ein Schritt sein wollen, dem Bisherigen zum Begreifen seiner selbst zu verhelfen. Je mehr also gefunden würde, daß eine durch selbständige Konstruktion entstandne Einteilungsweise die bisherigen bloß aus der Praxis entnommenen aufnehmen und sich assimilieren kann: desto eher kann sie aus dem historischen Leben des betreffenden Gebietes selbst entstanden, desto weniger nur als Willkür eingeschwärzt sein. Denn mag man diesem Versuch hie und da zustimmen oder nicht, und das letztere wird schon wegen der hier nicht möglichen weitern Ausführung und Begründung bei vielen der Fall sein; so viel bleibt wahr, daß kein Individuum der praktischen Theologie ihre Einteilung ersinnen oder mit Hilfe der abstrakten Logik machen kann, sondern diese kirchliche Tätigkeit selbst es ist, die je mehr sie zum Begreifen ihrer selbst sich erhebt, desto sichrer auch die Einheit und den Unterschied der in ihr lebenden Elemente erkennt. Uns Individuen, die wir Punkte sind, worin die Intelligenz der Kirche

mehr oder minder sich absetzt und erscheint, bleibt auch hier nur zugeteilt, der Kirche in ihrer Lebensentwicklung zu dienen.

Zitiert nach: G. Krause (Hg.), Praktische Theologie (1972), 30ff.

Die Bedeutung der praktischen Theologie erblicken wir in einem dreifachen: a) In der Durchbildung des religiösen Praktikers zu einem charaktervollen Vertreter einer klar erfaßten religiösen Grundstellung. Er soll mehr sein als ein geschickter Routinier, der von einem bewährten Praktiker abguckt, wie er es fertig bringt, seine amtlichen Funktionen erfolgreich zu verrichten; er soll ein innerlich genötigter, seinem Vorsatz treuer Charakter sein, der jeder seiner amtlichen Handlungen den Stempel seines Wesens und damit der Notwendigkeit aufprägt. Das ist der bleibende Segen des wissenschaftlichen Betriebs der Praktischen Theologie. Während der griechische und römische Priester lediglich in dem Tun dessen geschult sein muß, was die Kirche von jeher geordnet und getan hat (Techniker der Tradition), während der Laien- und Sendbruder der Sekten und Gemeinschaften lediglich gewisse sichere Handgriffe auf den Puls des inneren Lebens der anderen eingeübt haben muß (Routinier der Erweckung), muß der praktische Theologe einer protestantischen Gemeinde ein theologischer, intellektueller und praktischer Charakter sein, der die Radien vom Zentrum des christlichen Lebens nach allen Punkten der Peripherie des Weltlebens zu ziehen und in allen Einzelhandlungen die Grundrichtung zu verwirklichen vermag. – b) In der Uebung der für die Praxis wesentlichen Kraft des Zusammen- und Gleichnisschauens zwischen den Zeugnissen des urkräftigen, ursprünglichen Auftretens des christlichen Prinzips in der Zeit des Urchristentums und der Reformation und zwischen den Bedürfnissen der kirchlichen Gegenwart. Da gilt es vermöge einer ebenso zeitgeschichtlichen wie religiös wertenden Betrachtung der Quellen und Texte und vermöge eines eindringenden und weitherzig wertenden Verständnisses der religiösen Strömungen und Bedürfnisse der Gegenwart aus jenen Quellen und Texten die bleibend wertvollen Grund- und Zielgedanken der christlichen Religion und Sittlichkeit zu erheben und zu diesen Bewegungen und Bedürfnissen der Gegenwart in Beziehung zu setzen, gleich weit entfernt von Knechtung der Gegenwart unter die anders orientierte Theologie des Urchristentums und der Reformationszeit wie von amerikanischer Ueberschätzung des bloß Modernen als Maßstabes aller Werte. – c) In der Ueberwindung des von der Beschäftigung mit der systematischen Theologie nahe gelegten Dogmatismus und Absolutismus einer für alle unterschiedslos gültigen Norm des Denkens und Handelns durch ein stetes Rücksichtnehmen auf die Mannigfaltigkeit der nach Ort, Landschaft und Bevölkerungsgruppen verschiedenen religiösen Nötigungen. Zweifellos bringt diese psychologisch-relative Orientierung eine große Gefahr mit sich: die Absolutheit des Christentums, die Allgenugsamkeit des Evangeliums, die Gewißheit des christlichen Heilsweges und damit der sichere Mut, allen dasselbe Evangelium zu bringen und zuzumuten, leidet Schaden unter der steten Berücksichtigung der verschiedenen psychologischen Nötigungen. Aber einmal ist diese Schwierigkeit nicht dogmatistisch wegzuleugnen, da sie sich dem, der in der Wirklichkeit gehorsam ist, täglich aufdrängt, und dann kann eine stete Unterscheidung eines unveränderlichen Kerns und wechselnder Bestandteile der christlichen Religion, wie sie gründliche religionsgeschichtliche Bildung lehrt, zu der Gewißheit führen, daß man bei aller Akkommodation der Einkleidung des Evangeliums an die psychologischen Gruppenbedürfnisse doch fest stehen kann im lebendigen Zentrum der für alle heilsamen Wahrheit. Und wenn die also betriebene Praktische Theologie eine innerliche Verbindung von Gewißheit und Duldsamkeit in der kirchlichen Tätigkeit herstellt, hat sie das beste geleistet zur Pflege innerlich freier und charaktervoller Christlichkeit.

O. Baumgarten, Artikel Praktische Theologie. In: RGG Bd. IV (1913[1]), 1725 f. (Auszug)

Die Bestimmung des Begriffs der Praktischen Theologie hat von der Erwägung auszugehen, daß der Kirche nicht nur eine bestimmte Erkenntnis gegeben ist, sondern daß zu ihren Lebensäußerungen auch ein bestimmtes Handeln, eine bestimmte Gestaltung gehört. Und eben dieses kirchliche Handeln, diese gestaltende Tätigkeit, die von der Kirche ihren Lebensgesetzen entsprechend ausgeübt wird, ist Gegenstand der Praktischen Theologie. Dazu ist jedoch sofort eine Näherbestimmung erforderlich. Der Kreis ist zu eng gezogen, wenn man in der Praktischen Theologie bloß die Beschreibung der Tätigkeit des Pfarrers sehen will, so wie es in den früheren Pastoraltheologien (Claus Harms, 1830–34; Chr. Palmer, 1860, u. a.) meist der Fall war. Denn das in der Zeit der lutherischen Orthodoxie entstandene Ideal der Pfarrerkirche verkennt nicht nur den Reichtum und die Fülle des echten reformatorischen Kirchenbegriffs, sondern vergißt auch, daß Pfarrer und Pfarramt selbst nur von der übergeordneten Kirche ihren Sinn und ihre Bedeutung erhalten. Zu einseitig ist aber auch Niebergalls Auffassung, wenn er die Praktische Theologie als die Theorie der kirchlichen Gemeindeerziehung verstehen will, die sich nicht mit der Kirche, sondern ausschließlich mit der Einzelgemeinde beschäftigt. Abgesehen davon, daß Niebergall diese Auffassung selbst nicht konsequent durchführen kann, hat gerade die Zeit nach dem Kriege es deutlich gemacht, daß die kirchliche Arbeit sich nicht in der Gemeindearbeit erschöpft, sondern ein viel größeres Gebiet umfaßt, das seine wissenschaftliche Bewältigung in der Praktischen Theologie ebenfalls verlangt. Der Gegenstand der Praktischen Theologie ist also das kirchliche Handeln, das neben der von der Kirche formulierten und tradierten religiösen und sittlichen Erkenntnis den zweiten Hauptbestandteil der Lebensäußerungen der Kirche darstellt. Dabei ist die Kirche nicht nach ihrem pneumatischen Ursprung, sondern nach der Seite, wo sie menschliche Gemeinschaft und Gestaltungsform, organisierte Kirche ist, zu verstehen. Aber es muß hinzugefügt werden, daß es die Praktische Theologie natürlich nur mit demjenigen Handeln der Kirche zu tun hat, das aus ihrem eigentlichen Wesen folgt, nicht aber mit solchen Tätigkeitsweisen, die aus einer Verkennung ihrer spezifischen Aufgaben erwachsen sind. Insofern enthält die Bestimmung, die Joh. Meyer von der Praktischen Theologie als der Theorie der

christlichen Frömmigkeitspflege gibt, ein berechtigtes Moment, während anderseits bei dieser Formulierung übersehen ist, daß das kirchliche Handeln nicht in der bewußten Frömmigkeitspflege aufgeht, ja, daß manche Seiten des kirchlichen Handelns verfälscht werden, wenn man sie so versteht.
Damit ist aber auch schon die Aufgabe der Praktischen Theologie bezeichnet. Die Praktische Theologie hat in wissenschaftlicher, d. h. in umfassender und begründeter Weise darzustellen, welche Formen das kirchliche Handeln auf den verschiedenen Gebieten annimmt. Das ist die phänomenologische Seite ihrer Aufgabe, die freilich durch die kritisch-normative zu ergänzen ist. Die Praktische Theologie hat nicht nur Erscheinungen und ihr geschichtliches Werden zu beschreiben, sondern sie hat auch die religiös-sachlichen und psychologisch-soziologischen Voraussetzungen des kirchlichen Handelns festzustellen und zu zeigen, wie das kirchliche Handeln unter Beachtung dieser Voraussetzungen so gestaltet werden kann, daß es nicht nur zweckmäßig und zeitgemäß erscheint, sondern auch der inneren Gesetzmäßigkeit der Sache entsprechend ist. Darin liegt auch der wissenschaftliche Charakter der Praktischen Theologie begründet. Die Praktische Theologie ist nicht selbst eine praktische Tätigkeit, sie ist vielmehr ein System wissenschaftlicher Besinnung und heißt »praktisch« nur insofern, als ihr Gegenstand die »Praxis«, nämlich das Handeln der Kirche, ist. Wie z. B. die Rechtswissenschaft und die Erziehungswissenschaft auf ihrem Gebiet darstellend und normgebend sind, so bemüht sich auch die Praktische Theologie um Erkenntnis der Eigenart und der inneren Bedingungen kirchlichen Handelns und um Aufstellung von Grundsätzen, wie die Kirche in der gegenwärtigen Lage und an den heutigen Menschen zu handeln hat. Die Praktische Theologie kann deswegen nicht ein in sich geschlossenes System von aus einer obersten Idee deduzierten Begriffen sein. Sie kann aber auch nicht eine bestimmte historische Form kirchlichen Handelns, etwa das, was in den nt.lichen Schriften über das urchristliche Gemeindeleben gesagt ist, verabsolutieren und daraus den Maßstab für die Feststellung der heute notwendigen Aufgaben kirchlicher Tätigkeit ableiten. Vielmehr hat die wissenschaftliche Besinnung über die Wege und Ziele kirchlichen Handelns sich einerseits an dem evg. Verständnis der Kirche zu orientieren, anderseits an der Beobachtung und Berücksichtigung der konkreten Eigenart der Menschen und Verhältnisse, ihrer Beziehungen untereinander und der Gesetze ihrer gegenseitigen Einwirkung aufeinander. So wird die Praktische Theologie für ihre Arbeit, die Erkenntnisse der Systematischen Theologie auf der einen Seite, diejenigen der Psychologie, Pädagogik und Soziologie, der religiösen Volks- und Kirchenkunde auf der andern Seite stets voraussetzen müssen.

H. Faber, Artikel Praktische Theologie. In: RGG Bd. IV (1930²), 1401–1403 (Auszug)

Nach *welcher Norm* aber soll Praktische Theologie als theoretische Lehre von der Praxis der Kirche samt den dazugehörigen (nun *tatsächlich* praktischen) Übungen in Predigt und Unterweisung getrieben werden? Verfehlt ist der Versuch, sich an die jeweils gültige Praxis der Kirche binden zu wollen. Ist diese Praxis voller Mängel und Fehler, ja vielleicht in diesem oder jenem

Stück zu starken Bedenken Anlaß gebend, so könnte eine von ihr aus normierte Praktische Theologie nur die bestehenden Mängel verfestigen, würde also nur eine Einübung in eine verkehrte Praxis sein. Die Praktische Theologie kann mithin von Lehrenden und Lernenden nur unter der Voraussetzung getrieben werden, daß die Kirche zu allen Zeiten einer Reformation bedarf. Aber die These von der ecclesia semper reformanda, die Feststellung, daß die Praktische Theologie eine ausgesprochen kirchenkritische Disziplin innerhalb der ev. Theologie zu sein hat, betrifft nur die *Haltung* des Praktischen Theologen, gibt aber seiner Lehre noch keine eigentliche Norm. Diese selbst kann nur das Evangelium sein. Eine aufbauende Kirchenkritik kann nur nach seinem Maßstab getrieben werden. Aber auch eine solche Aussage kann zur mehr oder minder inhaltslosen oder subjektivistischen Formel werden. Die Praktische Theologie hat zu bedenken, daß sich das Evangelium schon im NT als kirchengestaltende Kraft darbietet. Norm für die Praxis, die der Praktischen Theologie vor Augen steht, ist das im NT vorliegende Bild der Lebensäußerungen der christlichen Gemeinde; dies Bild muß als Grundlage der ganzen Disziplin geschlossen und eingehend erarbeitet werden (so schon Caspari). Freilich gerät bei diesem Verfahren der Praktische Theologe, zumal er im Bereich der Theorie arbeitet, in die Versuchung, das nt. Bild der Gemeinde und ihrer Lebensäußerungen zu harmonisieren und seine Kopie zu empfehlen, dh aus dem NT eine Art von p.-th.em »Grundgesetz« zu machen. Dieser Versuchung kann er nur entgehen, wenn er immer neu bei der nt. Theologie (im Sinne einer Sonderdisziplin der nt. Wissenschaft) in die Lehre geht und damit bewährt, daß die Praktische Theologie nun einmal ihrem Wesen nach von den älteren Schwesterdisziplinen abhängig ist und von ihnen – gewiß mit der nötigen Kritik und Freiheit – zu lernen hat. Das Bild der »Gemeinde Gottes in Jesus Christus«, wie es sich im NT abzeichnet, ist keineswegs einheitlich. Vielerlei Lebensäußerungen der späteren Kirche sind noch kaum entfaltet. In manchen Schriften wird das Bild der Gemeinde im Sinne einer späteren Entwicklung »idealisiert«, oder es werden entsprechende unevangelische Forderungen gestellt. Und gerade da, wo das im NT *nicht* der Fall ist, offenbart sich ein hohes Maß von christlicher Freiheit und Mannigfaltigkeit der Lebensäußerungen. Wo also sollte die Kopie der nt. Gemeinde anfangen, wo aufhören? *Maßgebend* kann nur die Grundtatsache ihrer Existenz sein: Daß sie unter den verschiedensten äußeren Lebensverhältnissen und Bedingungen *immer* eine Versammlung solcher ist, die Gott um Jesus Christus als ihren Herrn und Richter geschart hat, erhält und vor stets neue Aufgaben ihres Gehorsams und ihrer Liebe stellt. Unter diesem Gesichtspunkt werden schon im NT die Lebensäußerungen der Gemeinde »kritisiert«, und *hier* ist die *Norm* gegeben, wie auch die jeweilige Gegenwart der Kirche im Rahmen der Praktischen Theologie »auf nt. Grundlage« kritisch zu behandeln ist: in Gebundenheit und Freiheit! Beides zu bewähren wird die Praktische Theologie immer wieder von der → Systematischen Theologie zu lernen und, wenn sie es dort nicht findet, von ihr zu fordern haben.

Zwischen der Ekklesia des NT und der Kirche der Gegenwart liegt eine 1900jährige Geschichte, zugleich schwere Last und wertvolle Anregung für die Lebensäußerungen der Kirche in der Gegenwart. Behandelt man litera-

risch oder in Vorlesungen die einzelnen Gegenstände der Praktischen Theologie in selbständigen Einzeldarbietungen, so ist die Anordnung des geschichtlichen Stoffes kein besonderes Problem; wird jedoch, was auch im Rahmen der Fakultätsarbeit immer wieder dringend erwünscht ist, die Praktische Theologie zusammenhängend dargestellt, so ist es nicht ungünstig, den gesamten geschichtlichen Stoff, in eine möglichst große Zahl von Querschnitten gegliedert, den Hörern vorzuführen. Das hat nicht nur den Vorteil, daß die Beziehungen zwischen den kirchlichen Lebensäußerungen in den einzelnen Zeitabschnitten deutlich hervortreten; es erleichtert auch die oft vernachlässigte Kritik der geschichtlichen Erscheinungen von der nt. Grundlage aus und erschwert es, die Geschichte des kirchlichen Lebens als eine zielstrebige und notwendige Entwicklung darzustellen. – Wie immer aber man den geschichtlichen Stoff der Praktischen Theologie auch gestalten mag, auf jeden Fall wird an ihm ihre starke Verbundenheit mit der KG deutlich. Sie bedeutet nicht *nur* dankbare Abhängigkeit. Ist doch die Praktische Theologie in zahlreichen Einzelfragen genötigt gewesen und wird es bleiben, selber geschichtliche Probleme anzugreifen, übrigens ein Hinweis darauf, daß der wissenschaftlich arbeitende Praktische Theologe nicht nur jahrelange Erfahrung im Kirchendienst besitzen, sondern auch in einer der anderen theol. Disziplinen sich durch ernsthafte Mitarbeit ausgewiesen haben muß.
Freilich kann die geschichtliche Arbeit eine große Gefahr für die Praktische Theologie bedeuten, indem sie von den entscheidenden Gegenwartsaufgaben der Kirche ablenkt und die ohnehin weit verbreitete Neigung stärkt, am einmal Gewesenen hängenzubleiben. Das gilt auch im Hinblick auf Inhalt und Umfang ihrer sozusagen »klassisch« gewordenen Unterdisziplinen. Gewiß wird »die Frage nach dem *Ziel* der der Kirche eigentümlichen Rede« (Barth, KD I/I,3) zu allen Zeiten eine Hauptaufgabe einer vom Evangelium normierten Praktischen Theologie sein (Homiletik), gewiß werden immer die Probleme des ev. Versammlungslebens nach seiner Freiheit und Gebundenheit hin zu bedenken sein (Liturgik), gewiß wird man nie den Dienst an der Jugend in der kirchlichen Unterweisung (Katechetik) oder die in der Seelsorge zu bewährende Verantwortung auch für das einzelne Gemeindeglied (Poimenik) unbeachtet lassen dürfen. Aber schon die bloße Erwähnung dieser traditionellen Arbeitsgebiete zeigt, wie sehr das Leben der heutigen Gemeinden, um deren aktive Christus-Bezogenheit es doch in der Praktischen Theologie geht, eine Vervielfältigung der Gesichtspunkte oder umgekehrt eine Abwehr versucherischer neuer Möglichkeiten erforderlich macht. Kann heut eine Homiletik ausreichen, in der alles um die Predigt bisheriger Art geht, als ob der weite Bereich der außergottesdienstlichen Gemeindevorträge, der Kirchentage großen und kleinen Stils, der Verkündigung durch das gedruckte oder mit dem Rundfunk ausgesandte Wort nicht da wäre? Vermag die Katechetik alter Art heute zu genügen, wo die kirchliche Kinder- und Jugendarbeit, die Konfirmation und ihre viel erörterte Problematik, die Erwachsenenunterweisung und der zur *kirchlichen* Arbeit gewordene einstige »Religionsunterricht« die Gemeinden vor so viele neue Aufgaben stellt? Lebt die Liturgik als Lehre von der Versammlung der ev. Gemeinde wirklich dann schon in der Gegenwart, wenn sie darauf verzichtet, neben der Einführung in die Grundsatzfragen der ev. Versammlung und der Einführung in die restau-

rierten *alten* Liturgien auch die Möglichkeiten ganz anders gearteter Ordnungen (und sei es auch nur mit negativem Ergebnis) wenigstens ernsthaft zu erörtern? Muß sie nicht auch, geschichtlich und gegenwartsbezogen zugleich, jedenfalls für eine normative Grundlegung der mit Kirchenlied, Gesangbuch, Kirchenmusik, Kirchenbau und kirchlicher Kunst gestellten Aufgaben offen sein? Die sog. »Amtshandlungen«, die gleichzeitig auch in die Homelitik und die Poimenik »gehören«, wird sie ohnehin behandeln. Die Poimenik selbst freilich stellt die Praktische Theologie heute vor bes. ernste Fragen. Ist es doch zum mindesten in den Großstädten zur communis opinio der Gemeindeglieder geworden, daß der Pfarrer zur Seelsorge außerhalb seiner Studierstube keine Zeit habe und haben könne! Und die communis opinio der Pfarrer besagt (bedauernd oder erleichtert!), daß viele Gemeindeglieder lieber zum Psychiater oder Psychotherapeuten gehen als in *ihre* Sprechstunden. Im Bereich der Poimenik muß also nicht nur von der rechten Art ev. Seelsorge gehandelt werden, zu der auch die Seelsorge aller an allen gehört, sondern nachdrücklich auch von der geistlichen Gestaltung des heutigen Pfarrerlebens und von den Erkenntnissen, die die moderne Tiefenpsychologie und Psychotherapie erbracht haben, einschließlich der Frage, ob der ev. Seelsorger sich auch seinerseits als Therapeut zu betätigen habe oder nicht. – Muß sich nicht überhaupt eine Praktische Theologie der Gegenwart – abgesehen von der Lehre über die Seelsorge – in einem Sonderteil über den modernen Menschen und die moderne Gesellschaft im Zusammenhang äußern? Sie wird beides natürlich auch in ihren klassischen Fächern zu berücksichtigen haben, zB in der Homiletik. Aber die Behauptung von der völligen Andersartigkeit der Moderne im Vergleich zu früheren Zeiten und bes. zu der Zeit des NT wird heute innerhalb und außerhalb der Theologie so oft und nachdrücklich ausgesprochen und diskutiert, daß auch die Praktische Theologie ohne grundsätzliche Entscheidungen in diesen Dingen nicht auskommt. Der rechte Ort für diesen neuen Teil der Praktischen Theologie läge vermutlich vor der Homiletik, weil dann die Sicherheit bestände, daß die folgenden klassischen Gebiete der Disziplin im Lichte der (wie auch immer ausgefallenen) anthropologischen und soziologischen Ergebnisse ständen. Entsprechend würde dann der Teil, der es mit der rechten Gestaltung einer modernen ev. Gemeinde und ihrem Verhältnis zur Kirchenleitung, mit der Kirchenordnung und den kirchlichen »Werken« zu tun hat, den Abschluß des Ganzen bilden, wobei die Fragen der Ökumene, der Mission und des Kirchenrechtes zwar nicht in Einzelausführungen, aber doch in klarer Grundsätzlichkeit zu berücksichtigen sind.

W. Jannasch, Artikel Praktische Theologie. In: RGG Bd. V (1961[3]), 505–508 (Auszug)

4. Schluß: Praktische Theologie als kritische Theorie religiös vermittelter Praxis in der Gesellschaft

Ziele:

– Auch der Verfasser dieses Arbeitsbuches hat eine Vorstellung davon, was Praktische Theologie sei. Er kann nicht verhindern, daß diese Konzeption auch da den Leser beeinflußt, wo er es gar nicht beabsichtigt, z. B. bei den Arbeitshinweisen. Daher wird des Verfassers Konzeption am Schluß des Buches offen ausgebreitet, damit sie *diskutierbar* und *kritisierbar* wird.
– Dies ist zugleich eine Probe dafür, ob der Leser mit den einzelnen Arbeitsschritten des Buches zum Ziele gekommen ist, nämlich: die Fähigkeit erworben hat, vorliegende Aussagen zur Praktischen Theologie kritisch abzuwägen, also:
– mit Argumenten und Materialien zu widerlegen,
– mit Argumenten und Materialien zu bejahen,
– mit Argumenten und Materialien zu überholen.

Arbeitsmöglichkeiten:

– Schrittweise Analyse des Textes, ausgehend von leitenden Begriffen, z. B.:
– das Verständnis von Religion,
– das Verständnis von Praxis,
– das Verständnis von Theologie,
– das Verständnis von Kirche,
– das Verständnis des einzelnen und der Gesellschaft,
– usw.
– Vergleich des Textes mit den Aufsätzen von J. Goldbrunner, G. Griesl, H. Schuster, R. Zerfaß und Y. Spiegel, alle in: Klostermann/Zerfaß, Praktische Theologie heute (1974), 132 ff.

Text

G. Otto, Praktische Theologie als kritische Theorie religiös vermittelter Praxis in der Gesellschaft*

I. Praktische Theologie als Kritik der Theologie

1. Theologie und Praxis

Wissenschaftliche Theologie, pauschal genommen, in ihren verschiedensten Ausprägungen, einschließlich Dialektischer und existential orientierter

Theologie, leistet in der Neuzeit allenfalls in Ausnahmefällen Auseinandersetzung mit *Praxis*, kirchliche Praxis eingeschlossen. Insofern ist Theologie, was ihren eigenen Anspruch angeht, in hohem Maße wirkungslos – was gleichzeitig bedeutet, daß sie ganz andere als beabsichtigte Wirkungen in erheblichem Maße hat bzw. auch solche, die sie gar nicht erkennt. Die Resonanzlosigkeit der Kirche in der Öffentlichkeit ist ephemeres Indiz.
Zwei einander bedingende Gründe erklären diese Situation:
– Einerseits ist die Struktur traditioneller wissenschaftlicher Theologie (im Unterschied zu einer »kircheneignen« Spielart von Theologie) überwiegend als historisch-solipsistisch, rückwärtsgewandt und mit sich selbst beschäftigt, zu bezeichnen. Daher *kann* sie sich auf Praxis gar nicht einlassen. Das haben studentische Kritiker Ende der sechziger Jahre unmißverständlich ausgesprochen: »Die narzißtische Struktur bedingt den der Theologie eigenen Realitätsverlust. Verschleiert ist dieser Realitätsverlust dadurch, daß die Hermeneutik sich als Übersetzungsvorgang in Gegenwart hinein auffaßt« (Sammel-Bd.: Theologiestudenten)**. Mag hier die hermeneutische Problematik auch verkürzt erfaßt sein – verständlich auf dem Hintergrund eben vergangener hermeneutischer Hochkonjunktur –, so viel ist sicher richtig: der hermeneutische Optimismus, daß eine Übersetzung, die sich der sprachlichen Mittel ihrer Gegenwart bedient, durch Interpretation unversehens auf Realität einwirken oder sie gar verändern könnte, hat getrogen.
– Andererseits ist die Funktion der Praxis für die Theorie von der Kirche so wenig erkannt worden wie von der Theologie. Das gilt ebenso umgekehrt für die Funktion der Theorie im Blick auf die Praxis. Denn Praxis, die meint, auf Theorie verzichten zu können, die sich also selbst nicht reflektiert, ist entweder Leerlauf oder blinder Aktionismus. Kirchliche Praxis als Teil gesellschaftlicher Praxis ist von traditioneller Theologie weithin allein gelassen worden, aber sie hat ebenso, daraus folgend, ihrerseits die theologische Wissenschaft dadurch vernachlässigt, daß sie sie kaum in Anspruch genommen und herausgefordert hat. Dieses Dilemma hat ebenso seine eigene, lange Vorgeschichte, wie auch andererseits gegenwärtige Versuche, es zu überwinden, ihre Rückfragen aufwerfen.
Die Mißachtung gesellschaftlicher Realität in der traditionellen wissenschaftlichen Theologie, so läßt sich generalisieren, ist die Voraussetzung für das Fehlen einer Reflexion auf den Theorie-Praxis-Zusammenhang in der Theologie wie in der Kirche. Daraus folgt für Praktische Theologie zweierlei:
Einerseits muß sie zu blinder Hilfswissenschaft werden, die – fixiert auf den Anwendungsbereich Kirche – notwendigerweise zur bloßen Vermittlerin von Handwerkslehren (vorzugsweise für Predigt, Unterricht und Seelsorge) und Amtstechnik (für das Pfarramt überlieferter Gestalt) wird, und dies auch dann, wenn sie sich selbst prinzipiell anders versteht. Selbstverständnis verändert nicht automatisch Realität.
Andererseits wird es auf diesem Hintergrund verständlich, wenn Praktische Theologie, in der Vielzahl ihrer Konzepte sich nach Schleiermacher (und im

* Vgl. dazu ausführlicher meine Einleitung zur zweiten Auflage des Praktisch-theologischen Handbuches, hg. von G. Otto (1975^2), 9ff.

** Zu den bibliographischen Angaben siehe S. 98

Unterschied zu ihm) am Kirchenbegriff orientierend, diese Orientierung nur zu oft zur Stabilisierung der *jeweiligen* kirchlichen Gegebenheiten geraten ließ (das dürfte bis hin zu den letzten vorliegenden Entwürfen gelten) oder gar unter Praktische Theologie »die theologische Lehre von der richtigen Verwirklichung des Reiches Gottes in der Kirche und durch die Kirche in der Welt verstanden« (Müller) wurde. So wird aus praktischer Not, aus komplexem Zwang, eine systematische Tugend.

»Funktionalismus«

Die Praxisferne theologischer Theoriebildung hat neuerdings Dahm zu überwinden versucht. Die Resonanz, die er gefunden hat, bestätigt, daß die Tendenz seiner Thesen nicht nur einem verbreiteten faktischen Selbstverständnis der Kirche und ihrer Amtsträger, sondern auch nicht selten den Erwartungen der Gesellschaft gegenüber der Kirche entsprechen dürfte: die Aufgabe der Kirche und entsprechend der Ansatz der Praktischen Theologie werden *funktional* verstanden.

Dabei wird der Begriff »funktional« in doppeltem Sinn gebraucht:
»›Funktional‹ bezeichnet einerseits die Verflechtung der Kirche mit anderen gesellschaftlichen Gruppierungen, Aufgaben und Interessen und ihre Bedeutung für das Zusammenleben der Menschen überhaupt. Mit der Betonung dieses Akzentes soll deutlich gemacht werden, daß Kirche nicht zureichend erfaßt ist, wenn man sie als Größe eigener Art isoliert von anderen Lebensbereichen (etwa der Wirtschaft, der Erziehung, der Wohlfahrt) betrachtet.
›Funktional‹ bezeichnet zweitens eine Sicht, die an den Aufgaben orientiert ist, die der Kirche zugeschrieben werden, die sie wahrnimmt oder abweist. Es wird etwa gefragt, was leistet die Kirche tatsächlich in der Gesellschaft – und was könnte sie leisten.« (Dahm)

Kirchliches Handeln läßt sich in zwei Funktionsbereichen darstellen: Funktionsbereich A: »Darstellung und Vermittlung von grundlegenden Deutungs- und Wertsystemen« und Funktionsbereich B: »Helfende Begleitung, in Krisensituationen und an Knotenpunkten des Lebens« (Dahm). Für Dahm ist entscheidend, daß – im Sinne einer funktionalen Theorie – mit diesen beiden Bereichen »der hauptsächliche Aktionsraum der Kirche in unserer Gesellschaft umschrieben« ist. (Dahm)
Mit welchem Interesse dieser funktionale Ansatz, frühere praktisch-theologische Fragestellungen darin überholend, an *Religion in der Realität* orientiert ist, zeigt folgende Liste von Fragestellungen:
»Welche Aufgaben erfüllt die Religion im gesamtgesellschaftlichen Prozeß?
Welche Aufgaben erfüllt die Religion im Leben des einzelnen?
Welche Aufgaben werden ihr zugewiesen und welche bestritten?
In welchem Verhältnis stehen ihre Aufgaben zu denen anderer gesellschaftlicher Kräfte?
Welche gesellschaftlichen Kräfte beeinflussen die Religion und die Erfüllung ihrer Aufgaben?« (Dahm)
Dieser Ansatz Dahms – der hier zugleich für vorhandene unartikulierte andere und sicher auch für oft unreflektiertes Praxisverhalten stehen kann –, deckt die prinzipiellen Fragen in wünschenswerter Deutlichkeit auf. Sie be-

treffen das Gesamtverständnis von Gesellschaft, Religion und Kirche sowie von Praktischer Theologie (und den Zusammenhang aller miteinander).
Im einzelnen ergeben sich daraus folgende Anfragen:
– Religion übernimmt im Dahmschen Ansatz eine Reihe positiver Funktionen, zusammengefaßt: sozialintegrative Funktionen. Deswegen muß ihre Institutionalisierung auf Dauer gestellt werden. Aber: Wo bleibt bei dieser Sicht Realität, in die zu integrieren gerade nicht geboten sein kann, sondern der zu widerstehen ist? Und wie ist die Dauerinstitutionalisierung im Kirchenverständnis eigentlich theologisch verankert, oder ist sie Postulat eines bestimmten soziologischen Konzepts?
– Wie soll bei einem *funktionalen* Ansatz die Festschreibung der bestehenden Verhältnisse, z. B. auch der von Dahm selbst als problematisch erkannten Verflechtungen von Kirche und Gesellschaft, wie soll gegen alle Beteuerungen Statik ausgeschlossen, wie sollen Veränderungen eingeleitet werden? Dies wäre ja erst dann möglich, wenn die »Ursache von Konflikten (unserer Gesellschaft) – ob in der Auflösung überkommener Kommunikationsnetze, in den Arbeits- und Leistungsbedingungen oder sonstwo – . . .« (Seminarkollektiv) zum Thema gemacht wird, was der funktionale Ansatz gerade nicht ermöglicht.
– Die Funktionsbereiche A (»Darstellung und Vermittlung von grundlegenden Deutungs- und Wertsystemen«) und B (»Helfende Begleitung in Krisensituationen und an Knotenpunkten des Lebens«) bezeichnen Arbeitsfelder – aber *kann* man bei einer nur funktionalen und nicht inhaltlich-analytisch-kritischen Betrachtungsweise die Tendenzen reiner Sozialtechnologie, purer Anpassung überhaupt vermeiden? Zumal dann, wenn Dahm selbst zugibt, daß der polit-ökonomische Zusammenhang bei ihm vernachlässigt ist (Dahm) – aber kann man heute z. B. von »Wertsystemen« und ihrer Problematik ernsthaft außerhalb dieses Zusammenhangs reden?
– Dahm sieht selbst die Gefahren, die heraufziehen, wenn »man die Kirche in erster Linie unter dem Gesichtspunkt der Erfüllung ihrer praktischen Aufgaben« (Dahm) betrachtet (passive Konsumentenhaltung, Unmündigkeit) – aber: ist das, was Dahm die »praktischen Aufgaben« nennt, ein zureichend reflektiertes Verständnis von Praxis? Und wie tragfähig ist eigentlich der Hinweis auf das »vorrangige Interesse« (Dahm) der Konsumenten, wenn die Dahmsche Theorie doch die Frage nach den Bedingungen dieses Interesses gar nicht erst erlaubt, sondern nur an deren Erfüllung orientiert ist?
– Wo ist im funktionalen Ansatz die permanent notwendige Aufarbeitung der eigenen Geschichte (der Kirche, der Theologie, der Gesellschaft) und ihrer Wirkungen konstitutiv festgemacht?
Diese Rückfragen dürfen nicht verdecken, daß wir Dahms Interesse an der Kirche als empirischer Realität uneingeschränkt teilen. Sie machen aber auch deutlich, daß die empirische Orientierung eines umfassenden theoretisch-systematischen Horizonts bedarf, wenn man mehr will als eine »funktionierende« Praxis.

Theorie

Wir fragen nach einer *Theorie,* in der die zur Debatte stehende »Sache« in ihrem umfassenden Kontext (gesellschaftlich, geschichtlich) diskutiert wird. Solche Theorie, die über Gegenstandsbeschreibung und Bedürfniserhebung hinausgeht, enthält immer zugleich Kritik (s. u.) und Entwurf. Denn der Gegenstand wird in der Theorie in der Dimension seiner Veränderbarkeit, also in Geschichte verwoben, ja *als* seine Geschichte gesehen. Damit ist auch jegliche Isolierung eines Gegenstandes aufgehoben, denn er muß im Konnex mit andern Gegenständen, Bereichen der Gesellschaft, eben in der Geschichte gesehen werden.
In diesem Verständnis von Theorie ist es begründet, daß Praxis kein Zweites, der Theorie Nachgeordnetes sein kann, sondern Theorie ist konstitutiv auf Praxis bezogen. Theorie und Praxis verhalten sich interdependent und reflexiv zueinander. D. h. zugleich: Theorie und Praxis sind materialkritische Begriffe.
Dabei ist zu beachten – Adorno folgend –, daß es nicht um die Einheit von Theorie und Praxis geht, sondern um ein Verhältnis der Diskontinuität. Denn nur so ist für die Theorie die notwendige Chance des fruchtbaren Widerspruchs gegen jeweilige Praxis offen gehalten. »Während Theorie aus dem gesellschaftlichen Gesamtprozeß nicht herausoperiert werden kann, hat sie in diesem auch Selbständigkeit; sie ist nicht nur Mittel des Ganzen sondern auch Moment; sonst vermöchte sie nicht, dem Bann des Ganzen irgend zu widerstehen« (Adorno).

Kritik

Kritik (und entsprechend: *kritisch*) ist dabei im ursprünglichen Sinne gemeint, also nicht abwertend oder verwerfend, sondern: wertend und beurteilend. Insofern ist Kritik positiv. Sie gewinnt diese Qualität dadurch, daß sie immer zugleich, dialektisch miteinander verschränkt, Selbstkritik und Sachkritik ist. Selbstkritik meint die Rückfrage an das (methodologische) Selbstverständnis des eigenen Denkansatzes und seiner Konsequenzen. Sachkritik ist Gegenstandskritik, sie konfrontiert das Erreichte, das Gegebene und Verwirklichte mit dem Möglichen und Nötigen (insofern muß sie innerhalb gegenwartsbezogener Analyse stattfinden). In diesem Verständnis ist Kritik Bedingung der Möglichkeit nächster Schritte. Dabei erwachsen die beiden Aspekte der Kritik – Selbstkritik und Sachkritik – aus ihrer Gegenseitigkeit und halten einander in Bewegung.

Geschichte

»Kritik« und »Theorie« sind an das Medium der *Geschichte* gebunden. Da Entwicklungs- und Wirkungsgeschichte nur realitätsbezogen verstanden werden können, stellt sich die doppelte Rückfrage: aus welchen Traditionen leiten sich gegenwärtige gesellschaftliche Verhältnisse – an denen Kirche immer teil hat – her, welche Traditionen sind in gegenwärtigen gesellschaftlichen Verhältnissen unterdrückt, und warum sind sie unterdrückt worden?

Das sind generelle Fragen, zu denen Geschichte und gegenwärtige Situation nötigen. Unter je verschiedenem Aspekt können sie gestellt werden. Unser Aspekt kann sich keinesfalls auf die den genannten Fragen innewohnenden ausdrücklichen *religiösen* Implikationen begrenzen – dann würden wir die gerade nicht erkennen! –, aber er hängt notwendig mit ihnen zusammen.
Die drei Stichworte Theorie – Kritik – Geschichte veranlassen zu »Erkundungen« neuer praktisch-theologischer Gegenstandsfelder, die einer Kritischen Theorie erst noch bedürfen. Dabei macht nicht nur der Verweis auf Geschichte, sondern die innere Logik der Trias Theorie – Kritik – Geschichte darauf aufmerksam, daß im Zusammenhang umfassender Analysen der gegenwärtigen Situation immer auch die erneute Analyse vergangener Ansätze und ihrer Weise, der eigenen Situation gerecht zu werden, notwendig ist. Unter diesem Aspekt ist die Geschichte der Praktischen Theologie und ihrer Wirkungen neu zu studieren.

II. Praktische Theologie als Kritische Theorie religiös vermittelter Praxis

1. *Kritische Theorie*

Es geht der Kritischen Theorie um die Aufdeckung der verstellten Möglichkeiten des Menschen. Sie will dazu verhelfen, »eine Welt zu schaffen, die den Bedürfnissen und Kräften der Menschen genügt. Bei aller Wechselwirkung zwischen der Kritischen Theorie und den Fachwissenschaften, an deren Fortschritt sie sich ständig zu orientieren hat und auf die sie seit Jahrzehnten einen befreienden und anspornenden Einfluß ausübt, zielt sie nirgends bloß auf Vermehrung des Wissens als solchen ab, sondern auf die Emanzipation des Menschen aus versklavenden Verhältnissen« (Horkheimer).
In einer Formulierung von Habermas zeigt sich die Richtung des Verständnisses von Kritik:

»... Philosophie ... kann sich nicht länger *als* Philosophie begreifen, sie versteht sich als Kritik gegen Ursprungsphilosophie, verzichtet sie auf Letztbegründung und auf eine affirmative Deutung des Seienden im ganzen. Kritisch gegen die traditionelle Bestimmung des Verhältnisses von Theorie und Praxis, begreift sie sich als das reflexive Element gesellschaftlicher Tätigkeit. Kritisch gegen den Totalitätsanspruch von metaphysischer Erkenntnis und religiöser Weltauslegung gleichermaßen, ist sie mit ihrer radikalen Kritik der Religion die Grundlage für die Aufnahme der utopischen Gehalte auch der religiösen Überlieferung und des erkenntnisleitenden Interesses an Emanzipation. Kritisch schließlich gegen das elitäre Selbstverständnis der philosophischen Tradition, besteht sie auf universeller Aufklärung – auch über sich selber,«

Im Zusammenhang von Kritischer Theorie sind Ansprüche formuliert, wissenschaftstheoretisch und praktisch, hinter die nicht zurückgegangen werden kann, wenn nicht Wichtiges wieder verlorengehen soll. Im Zusammenhang unserer Überlegungen sind sie geeignet, von hieraus auch Interessen/Schwerpunkte praktisch-theologischer Reflexion zu präzisieren.
Dabei ist von vornherein dem Einwand zu widerstehen, auf diese Weise werden »Soziologismen« o. ä. an die Stelle originär theologischer Inhalte treten. Dagegen ist zu bedenken:

– Gehört die gesellschaftliche Realität zum Gegenstand der Theologie, hat Theologie gar nicht die Wahl, *ob* sie sozialwissenschaftliche/soziologische/philosophische Fragestellungen und Methoden aufnehmen will oder nicht, sondern sie *muß* es tun, will sie ihrer Aufgabe gerecht werden.
– Theologie hat – im entscheidenden Ductus ihres Denkens – noch nie auf die Aufnahme nichttheologischer Denkkategorien verzichten können, ja sie hat nie »eigene« Begriffe entwickelt, sondern sich stets gegebener Denkstrukturen bedient, um ihre eignen Inhalte verständlich zu machen und zu reflektieren (vgl. Gremmels). Insofern sind z. B. die Übernahmen aus griechischem Denken, die die Entstehungssituation abendländischer Theologie kennzeichnen, unter den Bedingungen ihrer Zeit prinzipiell nichts anderes als die Aufnahme sozialwissenschaftlicher Kategorien unter den Bedingungen unserer Zeit.
Sodann ist die für neueres praktisch-theologisches Denken ungewöhnliche Weise zu klären, in der hier von Religion die Rede ist.

2. *Religion*

Daß die Dialektische Theologie und ihre Wirkungen das Reden von Religion zugunsten der Unvergleichbarkeit der Offenbarung Gottes in Jesus Christus deklassiert hat, braucht hier nicht im einzelnen expliziert zu werden. Nur die Folgen, auch die für das Verständnis der Kirche, müssen bewußt sein: der postulierte Graben zwischen Gott und dem Glauben an ihn einerseits und der Welt andererseits, auch der Welt der andern Religionen, hat zur Gefahr der Welt- und Geschichtslosigkeit der Theologie, der Kirche und des Glaubens geführt. Um dieses Dilemma zu überwinden, wird es nötig sein, erneut von Religion und vom Christentum im Rahmen von Religionen zu reden. Dazu nötigt Geschichte.

W. Pannenberg

Die umfassendste Wiederaufnahme des Themas Religion und Religionswissenschaft findet sich bei Pannenberg. Er setzt, im Hinblick auf seine Interessen verständlich, beim Gottesverständnis ein: Gott ist »die alles bestimmende Wirklichkeit« – das ist eine »sprachliche Übereinkunft«, bei der der Gottesgedanke »als Hypothese fungiert«. Theologie als Wissenschaft hat es damit zu tun, den »Gottesgedanke(n) *an seinen eigenen Implikationen«* zu messen und zu prüfen.
Diese Fragestellung führt auf die *Religionen,*

»als diejenige menschliche Lebensform ..., in der die jeweilige Erfahrung der Wirklichkeit im ganzen ausdrücklich wird und in der daher auch die Ordnung der Gesellschaft und das sie fundierende Sinnverständnis ihre Wurzel hat. Umgekehrt wird man überall da von Erscheinungen religiösen Charakters sprechen können, wo das Verständnis der Wirklichkeit im ganzen thematisch wird, auch wenn das nicht unter Berufung auf Gott oder Götter geschieht: Der Sache nach ist der Zusammenhang mit der Problematik des Gottesgedankens da immer schon gegeben, wo das Verständnis der Wirklichkeit im ganzen thematisch wird, weil sich immer die Frage stellt, worin denn die Einheit der Wirklichkeit im Sinne der jeweiligen Konzeption letztlich begründet ist.«

Von daher kann Pannenberg folgern: »Theologie als Wissenschaft von Gott ist also nur möglich als Religionswissenschaft, und zwar nicht als Wissenschaft von der Religion überhaupt, sondern von den geschichtlichen Religionen. *Christliche* Theologie wäre dann Wissenschaft von der *christlichen* Religion, Wissenschaft vom Christentum.«

Theologischen Charakter hat nun für Pannenberg die Beschäftigung mit Religion, auch mit der christlichen, insofern sie »die Religionen darauf befragt, inwiefern sich in ihren Überlieferungen Selbstbekundung göttlicher Wirklichkeit dokumentiert«. Das aber heißt:

»Eine nach diesem Gesichtspunkt verfahrende theologische Untersuchung geschichtlich gegebener Religion würde darin bestehen, daß die in der religiösen Überlieferung artikulierte Auffassung der Wirklichkeit im ganzen darauf befragt wird, ob sie tatsächlich allen gegenwärtig zugänglichen Aspekten der Wirklichkeit Rechnung trägt und somit den in dieser Religion überlieferten und verehrten Gott als die alles bestimmende Wirklichkeit zur Sprache zu bringen vermag. Die überlieferten Behauptungen einer Religion lassen sich also als Hypothesen betrachten, die am Zusammenhang gegenwärtig zugänglicher Erfahrung darauf zu überprüfen sind, inwieweit von den überlieferten Behauptungen einer bestimmten Religion her die Vielseitigkeit gegenwärtiger Erfahrung integriert werden kann.«

Betrachtet man diesen Gesamtzusammenhang, so trägt Pannenberg keine Bedenken, »daß Theologie sich im christlichen Überlieferungsbereich auf die Thematik einer Theologie des Christentums konzentriert, solange die Voraussetzung der Überlegenheit der christlichen Offenbarung über andere religiöse Überlieferungen zumindest im Prinzip der Argumentation offensteht und nicht gegen kritische Reflexion immunisiert wird.« Nicht zuletzt auch durch das Ausbildungsinteresse der christlichen Kirchen legt sich die »Konzentration auf das speziell Christliche innerhalb der allgemeinen theologischen Thematik nahe.«

Gleichwohl ist für Pannenberg eine Religionswissenschaft als Theologie der Religionen im eben beschriebenen Sinne »geradezu als Fundamentaldisziplin der Theologie überhaupt zu fordern ... Auch eine aus praktischen Gründen überwiegend auf die Erforschung und Darstellung der christlichen Religion eingeschränkte Theologie bedürfte der Grundlegung durch eine allgemeine Theologie der Religion.« Denn: »Nur in der Perspektive einer Weltgeschichte der Religionen kann die Bedeutung einer Einzelreligion und ihres gegenwärtigen Entwicklungsstandes voll in den Blick kommen.«

Folgerungen und Rückfragen

Pannenbergs Ansatz kann als Wiederaufnahme des frühen Schleiermacherschen Versuchs (vgl. »Reden«), von Religion als Erfassung einer Sinntotalität zu sprechen, gelten. Er führt aus den bekannten Engführungen heraus, sowohl aus den dogmatischen wie aus den klerikalen, und dies könnte gerade für die Praktische Theologie von Belang sein, sofern hier innertheologische Kooperation Bedingung weiterer Klärungen ist: Praktische Theologie bedarf der systematisch-theologischen Reflexionen, um realitätsbezogen arbeiten zu können, und sie *wartet* daher auf solche Beiträge der Systematischen Theologie. Unabhängig von einer Diskussion der Einzelheiten, öffnen das Verständnis von Religion und der religionswissenschaftliche Ansatz die Tür zur Untersuchung religiös vermittelter Praxis in der Gesellschaft – und zwar als legitime theologische Aufgabe begriffen.

Dreierlei bleibt dabei als Rückfrage gegenüber Pannenbergs Thesen offen.

Einmal: So einleuchtend der Rückgriff auf die großen historischen Religionen gemacht wird, fraglich ist, ob eine Ausweitung des *Religionsbegriffes* nicht dennoch geboten ist, um zu erreichen, was alles heute die *Funktion* von Religion (auch in Pannenbergs eigenem Verständnis) übernimmt. Deswegen haben wir in anderm Zusammenhang formuliert: »Es geht nämlich gar nicht nur um jene Gebilde, die wir phänomenologisch als Religionen bezeichnen, sondern in den Kreis kritischer Betrachtung müssen auch alle jene Deuteschemata, Weltauffassungen, Philosophien, Ideologien und die durch sie bedingten Verhaltensstrukturen einbezogen werden, die sich zwar selbst gar nicht als Religionen verstehen, aber ihrerseits die Funktionen von ›Religionen‹ in konkreten Situationen, Urteilen oder Entscheidungen übernehmen.« (Otto/Dörger/Lott)

Zum andern: Mir scheint, daß Pannenberg stellenweise in Gefahr ist, seinen eigenen allgemeinen religionswissenschaftlichen Ansatz unnötig zu relativieren, wenn er die mehr oder minder isolierte Thematisierung von *christlicher* Religion sofort wieder aus pragmatischen Gründen zugesteht. Gewiß, Religionswissenschaft *soll* die Fundamentaldisziplin bleiben, aber *kann* sie es, wenn die Konzentration auf das »speziell Christliche« allzu rasch erfolgt? Diese Relativierung wirkt sich bezeichnenderweise auch sofort in der Aufgabenbestimmung der Praktischen Theologie aus.

Drittens: Es dürfte nicht zufällig sein, daß *Religionskritik* bei Pannenberg allenfalls implizit berücksichtigt ist. Das erklärt sich daraus, daß Pannenbergs Religionsverständnis in seiner Orientierung an Sinntotalität nicht frei ist von auf diese Weise unvermeidlichen statisch-ungeschichtlichen, objektivistischen Tendenzen. Brächte man Pannenbergs Religionsverständnis zusammen mit einschlägigen historisch-soziologischen Analysen (vgl. Kippenberg) – inwiefern würden sich dann für Pannenberg Modifikationen im Ansatz als zwingend notwendig erweisen? Modifikationen, die anstelle von Sinntotalität kritischen Realitätsbezug in den Vordergrund stellten?

Zusammenfassend läßt sich jetzt sagen: Bei dem neuen Interesse an Religion leitet uns nicht der Gedanke, vergangene Religion zu repristinieren. Vielmehr geht es darum, religiöses Verständnis der Wirklichkeit und religiöses Verhalten in der Wirklichkeit, in diesem Zusammenhang auch christlich-religiöses, daraufhin zu befragen, ob es sowohl gemessen am eigenen Selbstanspruch wie auch am historischen Stand der Auseinandersetzung mit externer und interner Natur, adäquat ist. Dabei ist Religion in ihren Wirkungen, in ihrem Interesse und in ihren Folgen für die Lebenspraxis in Vergangenheit und Gegenwart zu analysieren. Somit verbindet sich mit der Frage nach Religion stets die Aufgabe von Religionskritik. Dabei steht weder Religion an sich oder Religionskritik um ihrer selbst willen zur Debatte, auch nicht einfach ihr Selbstanspruch oder Selbstverständnis, auch nicht *abgelöste* Sinn-, Wert- oder Wesensfragen. Vielmehr geht es um Wirkung und Bedeutung der Religion in der Gesellschaft, und zwar in kritischer Hinsicht, nicht unreflektiert stabilisierend oder integrierend gegenüber Bestehendem.

Das Motiv der Frage nach Religion ist dabei doppelt zu kennzeichnen:

– Einerseits stoßen wir auf Wirkungen von Religion, die uns zur Analyse um kritischer Aufarbeitung willen nötigen.
– Andererseits ist das Motiv »experimenteller« Natur: Es gilt zu erfragen, unter den Bedingungen welcher Weiterentwicklung/Modifikation/Transformation Religion heute welche Wirkung haben könnte.
Interesse an Religion ist also kritisch-projektiv. Die Frage ist *offen,* ob und wie Religion stimulierend für Lebenspraxis wirken kann. Ähnliches meint Bäumler: »Die kritische Analyse der Funktionen und Strukturen der Prozesse der Praxis zielt auf die Konstruktion von Modellen zur Revision dieser Praxis.«

3. *Praktische Theologie im Zusammenhang einer Kritischen Theorie*

Der Ansatz Kritischer Theorie und die Wiederaufnahme des Themas Religion und Religionskritik führen zu der Formel: *Praktische Theologie ist Kritische Theorie religiös vermittelter Praxis in der Gesellschaft.* Diese Formel umgreift ein Verständnis von Praktischer Theologie, in dem es um kritische Analyse religiös geprägter Manifestationen in der Geschichte *und* um die Frage nach einer möglichen Theorie gegenwärtiger religiös vermittelter Praxis in der Gesellschaft geht. Religiös vermittelte Praxis ist dabei stets als Dimension von Praxis überhaupt gefragt.
Praktische Theologie gewinnt so gesellschaftliche Dimension. Sie muß daher auch ihr Problemfeld neu vermessen, weil sie sonst dem komplexen Zusammenhang von Religion, Kirche, Gesellschaft und Theologie nicht gerecht werden kann.
Pannenberg überwindet von seinem Ansatz her partiell die »kirchliche Binnenperspektive«, wobei ihn die Frage nach dem »in der Geschichte Jesu Christi begründeten und in der Geschichte des Christentums weiterwirkenden, teilweise auch gehemmten Praxisbezug des christlichen Glaubens« leitet. Dabei hindert »der Gedanke des Reiches Gottes in seiner Differenz zur Kirche die Kirche ... daran, sich als Selbstzweck zu begreifen«, vielmehr wird sie »ihre Tätigkeit als Dienst an einer für sich nicht kirchlichen und heute religiös überwiegend pluralistischen Gesellschaft« verstehen.
Deutlich ist, daß Pannenberg auf seinem Wege die notwendige Weite der Fragestellung erreicht; deutlich ist aber auch, daß Pannenberg hier bereits die fundamentale religionswissenschaftliche Fragestellung hinter sich läßt und spezifisch christlich argumentiert – vielleicht zu rasch? Jedenfalls kommt er so zu dem leicht mißverständlichen Satz: »Kirchliche Praxis wird ja wohl der spezifische Gegenstand der Praktischen Theologie bleiben müssen.« Allerdings: wie *weiträumig,* fast gegen den Wortlaut, man diesen Satz wird interpretieren müssen, wird an folgenden zusammenfassenden Formulierungen deutlich, in denen ich die genannten Themen als *exemplarisch* für vergleichbare nicht genannte ansehe:

»Eine Praktische Theologie ... wird die Entwicklung des Verhältnisses von Staat und Kirche in der Neuzeit neu analysieren müssen, um das Verhältnis der Kirchen zu den *gesellschaftlichen Aufgaben der Gegenwart* richtig bestimmen zu können. Dabei ist den *religiösen Implikationen* der politischen Ordnungsformen und der revolutionären Bewegung der Neuzeit ebenso Rechnung zu tragen wie andererseits den Folgen der Kirchenspaltung für die Emanzipation des Staates von ausdrücklich religiösen Bindungen

... Die Gründe für die Notwendigkeit der expliziten Wahrnehmung der religiösen Thematik durch kirchliche Institutionen in Differenz zum Staat sind ebenso zu berücksichtigen wie die Mitverantwortung der Kirchen für die Gesellschaft. Alle diese Themen konzentrieren sich in der Frage nach Begriff und Möglichkeit der Freiheit ... So weit muß die Praktische Theologie den Bezugsrahmen spannen, wenn ihre traditionellen, pastoraltheologischen Sachgebiete neue Relevanz durch einen deutlicheren Bezug zur Frage nach der Praxis des Christentums insgesamt gewinnen sollen.«

4. *Aspekte*

Die Entfaltung von Praktischer Theologie als Theorie religiös vermittelter Praxis in der Gesellschaft kann nur in konkreten Materialzusammenhängen geschehen, und zwar sowohl in vergleichsweise traditionellen Fragestellungen unserer Disziplin wie ebenso in neuartigen, durch die gegenwärtige Situation bedingten. Dennoch lassen sich einige generelle Aspekte zeigen, an denen Fragerichtungen und Orientierungsmarken sichtbar werden können. Das soll hier unter drei Stichworten geschehen, deren Abfolge alles andere als zufällig ist: die Erörterung führt von der *Gesellschaft* als dem umgreifenden Zusammenhang zu Problemen des *Kirchenverständnisses* als dem Ort institutionalisierter Religion, und von dort aus zu *Studien-* und *Ausbildungsfragen.*

Gesellschaft

Wird Theologie im Horizont von Praxis und Praktischer Theologie als Kritische Theorie religiös vermittelter Praxis in der Gesellschaft entworfen, so muß sie reflektieren, daß sie politische Theologie *ist.* Es geht nicht um die Frage, ob sie es sein will oder soll. Praktische Theologie ist politisch naiv und daher historisch nachweisbar gefährlich, wo sie sich dessen nicht bewußt ist und folglich sich über ihre eigenen Wirkungen keine Rechenschaft ablegt. Als reflektierte politische Theologie ist sich Praktische Theologie ihrer Einbettung in gesellschaftliche Zusammenhänge und Bedingungen bewußt, stellt sich dieser Situation und analysiert zugleich, wie innerhalb des Theorie-Praxis-Zusammenhangs *jeder* Schritt, auch der nichtgetane, politische Wirkungen hat, gewollte oder ungewollte, bewußte oder unbemerkte, stabilisierende oder verändernde.

Dieser politische Charakter jeglicher Theologie ist so selbstverständlich wie er gleichwohl immer wieder übersehen wird oder unreflektiert bleibt, von einer zureichenden Aufarbeitung im Zusammenhang der Analyse theologischer Traditionen ganz zu schweigen.

Die Thematisierung der Gesellschaft und nicht des einzelnen im Ansatz und Grundverständnis eines Arbeitsgebietes steht im Gegensatz zu einer starken Tradition, die in Theologie und Kirche vorwiegend am einzelnen, seiner individuellen Problematik und konkreten Situation, orientiert war. Daher unterliegt heute die Rede von der Gesellschaft ständig dem Verdacht, den einzelnen vernachlässigen oder gar unberücksichtigt lassen zu wollen. Hinter diesem Verdacht steht das Denkmodell, das den einzelnen und die Gesellschaft alternativ sieht und also meint, man müsse sich entweder für die Gesellschaft oder für den einzelnen entscheiden. Das ist ein unsinniges Denkmodell, denn: wer von der Gesellschaft redet, muß wissen, daß *in* ihr immer

auch Individualprobleme und -situationen zur Debatte stehen, und andererseits: wer vom einzelnen redet, muß wissen, daß er die gesellschaftlichen Bedingungen und Voraussetzungen einer Individualsituation zu berücksichtigen hat, weil erst von ihnen her der einzelne gerade als einzelner verstehbar wird.
Daraus folgt, daß die individuelle Perspektive in einem gesellschaftsbezogenen Konzept nicht nur voll zu ihrem Recht kommt, sondern überhaupt so erst richtig erfaßt werden kann. Der immer wiederholte Vorwurf, daß in einem gesellschaftlich orientierten Verständnis von Theologie und Kirche die konkrete Zuwendung zum einzelnen verlorengehen muß, ist also abzuweisen. Freilich wird die Gesellschaft nicht als Summe von vielen einzelnen verstanden, denen ich mich je einzeln zuzuwenden habe – dieses Mißverständnis ist die naheliegende Verengung, der verständlicherweise »Praktiker«, z. B. Seelsorger, nicht selten erliegen, weil sie so stark von einzelnen beansprucht werden –, sondern die Kenntnis gesellschaftlicher Bedingungen und Faktoren lehrt wesentliche Aspekte der Situation des einzelnen begreifen und ermöglicht so Zuwendung und Hilfe im konkreten Fall.

Kirche

Kirche ist ein Ort institutionalisierter religiöser Praxis in der Gesellschaft. Auf solchen institutionellen Rahmen kann gegenwärtig nicht verzichten, wer wirken will. In das Aufgabenfeld der Kirche gehört es, innerhalb konkreter Lebenszusammenhänge zu erfragen, inwiefern z. B. die produktive Aufnahme von Elementen christlicher Tradition Lebenssituationen und Lebensverhältnisse verändern helfen kann. Kirche hat also nicht nach sich selbst zu fragen und existiert nicht um ihrer selbst willen. Sie bleibt gerade so bei ihrer Sache, daß sie Anwalt für andere ist – Anwalt einer zu humanisierenden Welt. Ist diese Welt je erreicht, dann stellt sich die Frage neu, ob und ggf. wozu Kirche nötig ist. Kirche ist *transitorisch* zu begreifen, und zwar *theologisch* gerade dann, wenn man sie im gesellschaftlichen Zusammenhang definiert. Damit soll nicht nur die absurde Alternative zwischen Kirche und Welt, sondern ebenso die nicht minder irreführende Entgegensetzung von Kirche und Gesellschaft destruiert werden – als ob die Kirche nicht immer *Teil* der jeweiligen Gesellschaft wäre! Es ist aber darüber hinaus auch zu fragen, ob eine Kirche im angedeuteten Verständnis unter dem Gesetz konfessioneller Trennung (oder gar Selbstgenügsamkeit) denkmöglich ist oder ob nicht dies gerade auf die Dauer der Verzicht auf wirksame Praxis sein muß.
Für Sauter ist das Kirchenverständnis »der neuralgische Punkt der gegenwärtigen Praktischen Theologie«. Er fragt nach einer Theorie der Kirche, in der deren Existenz »als eine Einheit von Sprachhandlungen (die gemeinsame Lebensvollzüge einschließen)« begriffen wird. Durch solche Sprachhandlungen wird Kirche konstituiert. In diesem Sinne kann man sagen: Kirche ist ebenso wie Theologie bei Sauter eine Art Kommunikationsprozeß. In diesem Kommunikationsprozeß geht es darum, »Entscheidbares zu formulieren«. Dies ist die Aufgabe derjenigen theologischen Aussagen, die Sauter »Dialogregeln« nennt.

Solche »Dialogregeln sind Gesprächskondensate, Formulierungen abgeschlossener Gesprächsleistungen. Sie geben einen schon bestehenden Gesprächsverlauf an, der wiederholbar ist und darum einen Gesprächsraum bildet. Deshalb dienen sie dazu, Aussagenzusammenhänge zu überprüfen und neue Aussagen in sie einzuordnen . . . Sie sind also nicht bloß formale Spielregeln, die gewährleisten sollen, daß ein Gespräch ordentlich geführt wird. Sie *setzen* vielmehr *inhaltlich fest,* wann ein Gespräch *beendet* und wie über seine *Richtigkeit entschieden* werden kann. Bestimmte Argumentationen werden dadurch *ausgeschlossen,* andere werden *unabdingbar* gemacht« (Sauter, Hervorhebungen von mir).

Bei der im Kommunikationsprozeß allfälligen Suche nach einem »Konsensus«, »dessen Formulierung die Explikation der Glaubenswahrheit mit ihrer Bewährung in einer bestimmten Situation zusammenschließt«, wirken sich die Dialogregeln als »nicht-empirische Faktoren« aus (Sauter).
Das moderne wissenschaftstheoretische Vokabular sollte hier nicht täuschen: in diesem Konzept ist Kirche der (Praktischen) Theologie normativ *vorgeordnet.* Der Vergleich mit früheren Konzepten Praktischer Theologie, aber auch mit Jüngel, liegt nahe. Die Weite und Offenheit – natürlich auch mit allen damit gegebenen Schwierigkeiten –, die der Ansatz bei Religion ermöglicht, kann so gar nicht erreichbar werden. Vielmehr grenzen die »Dialogregeln« ein bzw. aus, *was wie* zur Debatte stehen darf. Auch wenn Sauter das nicht will, ist bei einem solchen Verfahren die Gefahr nicht von der Hand zu weisen, daß (Praktische) Theologie eher dazu dient, bestehende Kirche zu reproduzieren als etwa *neue* Bezugspunkte zwischen Gesellschaft, Religion und Kirche in kritischer Analyse zu entdecken. Dann aber ist Sauters Konzept, so neu es sich in der Formulierung gibt, so anders als manche frühere nicht. Dennoch wäre der Preis, zu dem es zu haben ist, erheblich: »ein extremer kirchlicher Konventionalismus« (Pannenberg).
Wenn diese Folgerung richtig ist, dann wirft sie auch ein Licht auf Tendenzen, der Praktischen Theologie ebenso wie der kirchlichen Praxis auf solche letztlich doch wohl unbestreitbar technokratische Weise weiterzuhelfen. Diese Anfrage muß sich insbesondere an Bastians Versuch richten, mit Hilfe Sauterscher »Dialogregeln« Aufgabe und Funktion der Theorie in der Praktischen Theologie zu bestimmen.
Sollen Theologie und mithin Kirche nicht am Gängelband von »Dialogregeln« lediglich ihre eigene Vergangenheit reduplizieren, so wird man Kirche und Theologie als Handlungszusammenhänge begreifen wollen, innerhalb derer die Realität allein dadurch erreichbar wird, daß erkannt ist: »Man kann Theologie nicht verstehen, wenn man nur Theologie versteht« – und: »Wem es mit der Theologie ernst ist, der wird sich dem stellen müssen, was nicht Theologie ist« (Gremmels).
Gremmels hat am Emanzipationsbegriff (beispielhaft) gezeigt, welche Aufgabenstellungen auf Theologie und Kirche in diesem Kontext zukommen. Dabei erfüllen seine kritischen ebenso wie seine projektiven Aussagen, was wir generell für Praktische Theologie im Zusammenhang von Theorie – Kritik – Geschichte festgestellt haben: daß nämlich zureichende Aussagen nur im Zusammenhang umfassender Analysen möglich sind (s. o.).
Gremmels setzt folgendermaßen an:

»Wenn das Emanzipationsinteresse der zweiten Aufklärung diesen Wandel einer über Gesellschaft (naturgesetzlich) verfügenden Sozialtechnik reflektiert, muß es sich im Unterschied zur ersten Aufklärung nicht mehr antitheologisch bestimmen. Thetisch gesprochen: Die Emanzipation vom Zwang der Gesellschaft setzt nicht mehr die Emanzipation von Theologie voraus. Diese Bestimmung gilt jedoch nur unter folgenden Bedingungen: Theologie vermittelt sich in der Kritik der Gesellschaft dieser gesellschaftlich ...
Als Ergebnis kann festgehalten werden: Die Historik der zwischen ›latenten‹ und ›akuten‹ Phasen verlaufenden emanzipatorischen Dialektik nötigt zu einer Emanzipation der Emanzipation, zur Aufklärung der Emanzipation über ihr eigenes geschichtliches Bewegungsgesetz.
Kann an ihm erkannt werden, Emanzipation rücke in der zweiten Aufklärung zur Theologie in ein anderes Verhältnis, so muß dieses näher bestimmt werden.«

Grundgedanken R. Rothes aufnehmend, kommt Gremmels für das Thema »Emanzipation und Mündigkeit« zu dem Schluß:

»Für die Theologie und ›ihre‹ Begriffe von ›Mündigkeit‹, ›Freiheit‹ und ›Emanzipation‹ bedeutet dies: Sie hat den Stillstand der äußerlichen Emanzipation in der Kritik ihres eigenen, gesellschaftlich vereinnahmten religiös-emanzipativen Sprachguts zu erkennen, exemplarisch: Der seines christologischen Begründungszusammenhangs bei Bonhoeffer längst entfremdete Begriff ›Mündigkeit‹ erweist gerade durch seine Verbreitung das Scheitern im Austausch von Theologie und Gesellschaft, erweist die theologische Verdoppelung des positiven Scheins der Gesellschaft, den aufrechtzuerhalten sie selbst das größte Interesse hat. Derart wird auch das in der theologischen Tradition enthaltene Potential kritischer Symbole und emanzipativer Maximen durch gesellschaftliche Verwertung zerstört.«

Daraus folgt:

»In der ausgetrockneten Kommunikation des theologischen Gedankens mit der Wirklichkeit wird nur noch eine ›Verbindung‹ aufrechterhalten: Religiöse Rhetorik als sprachliche Verdoppelung der Gesellschaft. Als Frage ergibt sich daher: ›Können emanzipatorische Impulse, die das theologische Sprachsystem erfahrbar zu vermitteln hat, überhaupt noch sprachlich erfahrbar gemacht werden?‹ (Schultz).«

Dieselbe Linienführung spitzt sich für das Thema »Emanzipation und Erlösung« weiter zu. Nimmt Theologie die gegebene gesellschaftliche Situation ernst, deren Teil auch Kirche ist, so muß sie »den durch den wissenschaftlich technischen Fortschritt ungeheuer verschärften gesellschaftlichen Widersprüchen in sich selbst Ausdruck verleihen. In der zweiten Aufklärung kann daher Theologie *nur dann* emanzipativ wirksam werden, verhilft sie zu manifesten Erfahrungen über die Gewalt, mit der Gesellschaft als ›zweite Natur‹ das Bewußtsein, Denken und Handeln der Menschen deformiert.« In diesem Kontext steht die Frage: »Kann der nichttheologische Begriff ›Emanzipation‹ theologisch, kann der theologische Begriff ›Erlösung‹ gesellschaftlich vermittelt werden?« Theologie und Kirche, die sich auf diese Frage einlassen und dabei konsequent mit dem »gesellschaftlich konditionierten Desinteresse« gerade derer rechnen, die der Emanzipation und Erlösung bedürfen, hätte folgendes Programm:

»Statt einer Theologie, die die Positivität der Erlösung propagiert, käme es auf eine solche an, die in der Negativität fortdauernden Leids Erfahrungen zu vermitteln weiß, die aller Erlösung widersprechen. Statt ideengeschichtlich die ›Emanzipation‹ als ›Immanenz der Erlösung‹ und ›Erlösung‹ als ›Transzendenz der Emanzipation‹ auszulegen, käme es zuerst auf eine sozialgeschichtliche Analyse an, auf eine Theologie, die ›Transzendenz‹ in der Permanenz fortbestehenden Leides erkennt, das in der endlichen Welt zur einzigen Form ihrer Unendlichkeit wurde. Undenkbar ist, ein Begriff von Erlösung könne vermittelt werden, der von seiner so offenkundigen Widerlegung nicht stigmatisiert wäre, der seiner eigenen Negativität nicht inne wäre. Allein in der Klammer solcher Negativität vermag Theologie der ihr zugedachten Verdoppelungsrolle der positiven Gesellschaft zu entgehen. Erlösung hält im Negativ ihres Scheiterns einen genaueren Ausdruck vom Leben der Menschen fest, als es je eine Theologie der Verheißung vermöchte, die das diesseitige, unerlöste Leben in der Aura jenseitiger Erlösung zu heilen versucht.«

Dieser Ansatz Gremmels', in verschiedenen Sachbereichen und Situationen durchgehalten, wäre Pannenbergs Perspektive zu konfrontieren: Der »im christlichen Glauben selbst angelegten Verhältnisbestimmung von Theorie und Praxis kann eine Praktische Theologie nur so entsprechen, daß sie den in der Geschichte Jesu Christi begründeten und in der Geschichte des Christentums weiterwirkenden, teilweise auch gehemmten Praxisbezug des christlichen Glaubens thematisiert und die gegenwärtige Praxis der Kirchen aus dem Zusammenhang der christlichen Versöhnungsgeschichte begreift und kritisch beleuchtet, um so zur Entwicklung von Modellen gegenwärtiger kirchlicher Praxis zu gelangen« (Pannenberg).

Literatur
(in der Reihenfolge der Namensnennungen im Text)

Theologiestudenten 1969. Dokumente einer revolutionären Generation (1969)
F. Schleiermacher, Die Praktische Theologie nach den Grundsätzen der ev. Kirche, hg. von Frerichs (1850)
A. D. Müller, Grundriß der Praktischen Theologie (1951)
K. W. Dahm, Beruf: Pfarrer (1971)
Seminarkollektiv (Mainz), Religion und Funktionalismus (Theologia Practica VIII/1973)
T. W. Adorno, Stichworte. Kritische Modelle 2 (1969)
M. Horkheimer, Traditionelle und kritische Theorie (Fischer-TB. 6015)
J. Habermas, Philosophisch-politische Profile (1971)
C. Gremmels, Emanzipation und Erlösung. In: W. Offele, Hg., Emanzipation und Religionspädagogik (1972)
W. Pannenberg, Wissenschaftstheorie und Theologie (1973)
H. G. Kippenberg, Artikel: Religion. In: G. Otto, Hg., Praktisch-theologisches Handbuch (1975²)
C. Bäumler, Praktische Theologie – ein notwendiges Element der wissenschaftlichen Theologie (Theologia Practica IX/1974)
G. Sauter, Wissenschaftstheoretische Kritik der Theologie (1973)
E. Jüngel u. a., Die Praktische Theologie zwischen Wissenschaft und Praxis (1968)

5. Anhang: Curricula für das Studium der Praktischen Theologie?*

Der wahre Lehrer der Kirchen muß seyn διδακτικός oder geschickt zu seinem Lehr-Amt, daß er wisse, was denen Zuhörern vorzutragen nöthig, und nützlich ist, dieweil er sonst zum Lehr-Amt untüchtig ist. Dahero der Apostel Paulus Tit. 1 V. 9 von einem Lehrer der Kirchen erfordert, daß er müsse lehren können.

C. Stock, Homiletisches Reallexikon (1741), 738

Wer[1] Studiengänge plant, ihre Inhalte auswählt, Schwerpunkte setzt, organisatorische Strukturen erwägt, der konkretisiert damit sowohl explizit wie implizit ein inhaltliches Verständnis des betreffenden Lehrgebietes, und zwar mit allen Bedingungen und Folgen, die dazugehören: der jeweils *eigene* Horizont wird verabsolutiert, dem Planer fremde Perspektiven fehlen, und die Wirkung der Planung verfehlt leicht die viel komplexere Realität. Weil dies so ist, darf Studienplanung weder als nebensächlich angesehen werden, noch darf sie einzelnen »Beauftragten« oder bestimmten »Instanzen« oder fachwissenschaftlichen »Expertenkommissionen« überlassen werden. Vielmehr muß Studienplanung im öffentlichen Diskurs aller Beteiligten und Betroffenen erfolgen[2]. Mit dieser Forderung ist zugleich und von vornherein der endgültige Verzicht auf die Alleinherrschaft der Fachwissenschaften angesprochen. Stattdessen geht es in jenem diskursiven Verfahren – das der Ausgangspunkt aller Ermittlungsprozesse bezüglich der Frage ist: *was warum* mit welchem *Ziel,* innerhalb und mittels welcher *Inhalte* zu lehren und zu lernen sei – in unserem Bereich um die Beteiligung verschiedener Gruppen, die allesamt ihre Interessen, ihre Situationseinschätzungen, ihren Sachverstand einzubringen haben:

- Lehrende als Vertreter der Wissenschaft;
- Studierende;
- Nichttheologen, um deretwillen Theologie getrieben wird;
- Fachleute aus Nachbarwissenschaften;
- Vertreter der Berufsfelder, in denen Theologen arbeiten.

Je selbstverständlicher, weil sachlich einleuchtend, die Breite des Spektrums ist, aus didaktischen Gründen, aus Gründen künftiger Berufspraxis, aus Gründen gesellschaftlicher Zusammenhänge, desto mehr wird man begreifen, daß dabei die erste Frage nicht die nach den Paritäten der einzelnen Gruppen sein muß. Um es unmißverständlich zu sagen: Sowohl unsere Studienschwerpunkte wie unsere Prüfungsanforderungen sähen anders aus, wenn sie nicht nur von Theologen bestimmt würden, sondern auch von *Verbrauchern von Theologie*[3].

* Nachdruck mit freundlicher Genehmigung des Christian Kaiser-Verlags aus F. Klostermann/R. Zerfaß (Hg.), Praktische Theologie heute (1974)

Dieser Ansatz soll im folgenden unter einigen Aspekten entfaltet werden, um Bedingungen und Problemstellungen von Studienplanung in Auswahl zu verdeutlichen. Ich sehe es also nicht als meine Aufgabe an, unter dem mir gestellten Thema einen »Plan« vorzulegen – gerade dies würde dem postulierten Ansatz kraß widersprechen –, sondern umgekehrt geht es mir um die Diskussion der an Studienplanung beteiligten Faktoren und Probleme, wie sie sich einstellen, wenn man sich auf curriculares Denken einläßt[4]. Der Stellenwert von Planungsüberlegungen ist neu zu bestimmen, der Weg, auf dem ein Plan zustande kommt, neu zu definieren[5].

1. *Zur gegenwärtigen Studiensituation*

Bezieht man heute das Zauberwort »Curriculum« auf das Studium der Theologie, beschäftigt man sich mit dem, was allenthalben »Studienreform« genannt wird, läßt man sich also auf »hochschuldidaktische« Überlegungen ein, so ist, will man der Realität nahebleiben, von folgender Situationsbeschreibung des theologischen Studiums auszugehen:
Bislang findet »Lehre« innerhalb des theologischen Studiums kaum statt. Ausnahmesituationen mögen die Regel bestätigen. Und die Regel heißt: *gelehrt* wird kaum. Dieser Satz stimmt natürlich nur, wenn man »Lehre« und »lehren« in ihrer spezifischen Bedeutung nimmt. Dazu gehört z.B.:

- planmäßiger Aufbau;
- konstitutive Berücksichtigung der Situation der Lernenden;
- konstitutive Berücksichtigung der Situationen, für die gelernt wird;
- Begründung, warum was gelehrt wird und gelernt werden soll.

Solche Überlegungen – sie wären leicht durch entsprechende andere zu erweitern – bestimmen aber den Lehrbetrieb einer theologischen Fakultät bestenfalls am Rande. Stattdessen steht etwas ganz anderes im Vordergrund, was gewiß nichts Schlechtes ist, nur eben mit Lehre wenig zu tun hat. Im Vordergrund steht die Binnensystematik einzelner wissenschaftlicher Fächer. Sie bestimmt den Aufbau der Darbietungen, die fälschlich Lehre genannt werden, in hohem Maße. Das gilt übrigens nicht nur für die Theologie, sondern mutatis mutandis für viele andere geisteswissenschaftliche Fächer auch.
Die viel berufene Zusammengehörigkeit von »Forschung und Lehre«, die für die deutsche Universität charakteristisch sein soll, hat also faktisch eine ganz bestimmte inhaltliche Füllung erfahren: Lehre wird nicht als didaktisch reflektierter Prozeß verstanden, sondern als die Weitergabe von Forschungsinhalten und -ergebnissen. Auf diese Weise ist aber das, was man mit Hilfe dieser Zusammengehörigkeitsformel oftmals gegen anderslautende Vorstellungen hat retten wollen, in der deutschen Universität in aller Regel gerade nicht geleistet worden: »Lehre«. Von daher wird auch verständlicher, warum gegenüber Studienplanung und Studienaufbau, gegenüber didaktischen Überlegungen insgesamt bei uns zulande besonders gern das Gespenst der »Verschulung« der Universität beschworen wird – denn: auf die Eigenproblematik von »Lehre« sich überhaupt einzulassen, ist vielen »Forschern« so befremdlich, daß eine negative Wertung sogleich naheliegt (womit keines-

wegs bestritten sei, daß es auch Tendenzen in Richtung Verschulung gibt, die zweifellos negativ zu werten sind).

Streng genommen trifft aber der Vorwurf der »Verschulung« zumeist gerade diejenigen, die ihn bei uns erheben. Die unaufgebbare Zusammengehörigkeit von Forschung und Lehre will nämlich auch als didaktisch reflektierter Prozeß der Einführung in *forschendes Lernen*[6] und in wissenschaftliche Kommunikation begriffen werden. Die Formel »Forschung *und* Lehre« ist also gerade denjenigen vorzuhalten, die sie nur zu oft im Munde führen und nicht merken, daß sie hinter ihr zurückbleiben, indem sie Studenten gerade nicht an Wissenschaft als Forschung, am Prozeß offenen Fragens teilhaben lassen – das wäre Lehre! –, sondern es stattdessen für Lehre halten, wenn sie die Ergebnisse ihrer Forschung mitteilen, um sie späterhin als Kenntnisse abzufragen. In *diesem* Mißverständnis von Lehre ist die Zusammengehörigkeit von Forschung und Lehre aufgegeben, ist die beklagte »Verschulung« der Universität längst Ereignis geworden[7].

Die Abwesenheit von Lehre ist gewiß vielen überhaupt nicht bewußt. Sie ist aber so bedeutungsvoll, daß man sie noch etwas weiter konkretisieren muß.

Eine Vorlesung z.B., in der Abschnitt für Abschnitt eine biblische Schrift ausgelegt wird, mag fachwissenschaftlich hervorragend sein; sie ist aber keine »Lehre«, sondern lediglich die Mitteilung von Forschungsergebnissen. Ansatzpunkte der Lehre wären erst erreicht, wenn z. B. der Aufbau der Vorlesung nicht einfach den Kapiteln der Schrift folgte, sondern durch die Situation des Lernenden, dem Zugänge erschlossen werden sollen, bestimmt wäre. – *Oder:* Die Tatsache, daß Professor X im Wintersemester Geschichte der Predigt vorträgt und im folgenden Sommer moderne Unterrichtstheorien traktiert, läßt kaum Schlüsse auf den Aufbau der Lehre zu. Zur Lehre gehören jedoch *Lehrgänge*, so flexibel und variabel sie auch sein mögen. Lehrgänge entstehen aber nur dadurch, daß über ein Semester hinausgehende Planungen angestellt werden; gegenwärtig entstehen Lehrgänge aus Zufallsangeboten nur in Sternstunden – Sternstunden sind *selten*, unsere Lehrangebote aber *meist* zufällig. – Oder: Bezeichnenderweise fehlen uns fast völlig Lehrbücher, die für Lehre bei Erwachsenen[8] nötig wären. Was es gibt und was oft fälschlich als Lehrbücher ausgegeben wird, sind Darstellungen, die der Logik des jeweiligen Stoffes folgen, ohne z. B. danach zu fragen, an welcher Stelle der Studierende sinnvollerweise in den Stoff einsteigen sollte. Vorausgesetzt ist stillschweigend: natürlich bei den Voraussetzungen oder am chronologischen Anfang oder bei Punkt 1 der Gliederung – nur, wer sagt denn, daß dies *didaktisch* sinnvoll ist? Es ist ja auch gar nicht unter diesem Aspekt erwogen. Dann käme man etwa auf die Frage nach der Unterscheidung zwischen fachwissenschaftlicher und didaktischer Systematik, oder – um nur ein Beispiel zu nennen – zur Debatte müßte die Entwicklung eines Buchtyps stehen, der Problemdarstellung und (ergänzungsfähige) Darbietung kontroverser Quellen so miteinander verbindet, daß der Leser weniger als Konsument der Darstellung gewertet wird, sondern zur Auseinandersetzung und eigenen Beurteilung des Problems eingeladen wird.

Kurzum: Mitteilung von wissenschaftlichen Ergebnissen ist nicht Lehre. Lehre vollzieht sich erst da, wo, einsetzend bei der Situation des Lernenden,

die Zielfrage gestellt und von daher die Wahl von Inhalten problematisiert wird. Formelhaft gesagt: Der »Stoff« und seine »Vermittlung« – diesen Begriff hier so komplex wie möglich genommen – bilden in der Lehre eine dialektische Einheit, insofern sie wechselseitig aufeinander wirken und die beiden Fragerichtungen niemals auseinanderdividiert werden dürfen.
Da statt Lehre bei uns weitgehend Mitteilung wissenschaftlicher Beobachtungen, Ergebnisse, Thesen usw. stattfindet, gewinnen manche Beobachter den Eindruck, das Theologiestudium orientiere sich im Grunde daran, aus den Studierenden Theologieprofessoren hergebrachten Typs zu machen. Das ist unter bestimmtem Gesichtswinkel eine durchaus zutreffende Beobachtung. Andererseits wird von hier aus die Feststellung vieler Absolventen erheblich, das Studium habe ihnen für ihre Berufspraxis wenig oder gar nichts genutzt; das wird dann gern den Absolventen zur Last gelegt, aber sie stellen doch nur fest, was stimmt: Lehre fand kaum statt.

2. *Was heißt Curriculum?*

Da der Sprachgebrauch inzwischen fast hoffnungslos verschwommen, zugleich die Bedeutungsbreite außerordentlich komplex geworden ist, gehen wir in der Klärung schrittweise vor[9]. Als Ausgangspunkt empfiehlt sich ein Blick auf die Struktur traditioneller Lehrpläne im Sinne einer »Front«, der gegenüber die Curriculumdiskussion in Gang gekommen ist. Traditionelle Lehrpläne, von denen über lange Zeiträume gilt, daß der nächste aus dem jeweils vorhergehenden erwachsen ist, sind – überspitzt – folgendermaßen charakterisierbar:
– sie *setzen* Inhalte weitgehend ohne zu begründen, *warum diese* Inhalte berücksichtigt werden sollen;
– bei der *Wahl der Inhalte* leiten, oft unausgesprochen, das Gewicht der Tradition und die Binnenlogik der jeweils zugehörigen Fachwissenschaft;
– die *Zielsetzungen* des Unterrichts bleiben entweder Leerformeln oder werden gar nicht thematisiert;
– *Unterrichtsverfahren* liegen außerhalb des Interesses;
– der *Effekt* des Lehrens und Lernens liegt außerhalb des Interesses.
Gegen solche Tendenzen, die leicht an kodifizierten Lehrplänen der Schulen oder an ungeschriebenen Lehrgewohnheiten der Universität verifizierbar sind, ist in den fünfziger Jahren in den USA, in den sechziger Jahren durch S. B. Robinsohn in Deutschland die Curriculumdiskussion in Gang gekommen. Daß dabei politische und ökonomische Gründe ihr eigenes Gewicht hatten, muß hier außer Betracht bleiben[10].
Jenseits der verschiedenen Ausprägungen der Curriculumentwicklung lassen sich folgende Charakteristika herausheben:
– die *Ziele* für Unterrichtsprozesse werden ausgewiesen und weitgehend in Kategorien erwünschten Verhaltens ausgedrückt; dabei gibt es Ziele verschiedener Stufung und Reichweite;
– den Zielen werden funktional *Inhalte* des Unterrichts zugeordnet;
– die *Arbeitsformen* werden im Zusammenhang der Ziele und der aufgrund der Zielsetzungen ausgewählten Inhalte thematisiert;
– Kriterien für die Ermittlung des *Lehr-Lern-Erfolgs* und, damit zusam-

menhängend, die *Revision* des Curriculums gehören zum Curriculum selbst.

Aus zwei voneinander unabhängigen, ja, teils gegenläufigen Gründen hat sich inzwischen gezeigt, daß eine konsequente Verwirklichung des Curriculum-Ansatzes eigene Probleme aufwirft.

Einerseits: Bedenken gegen die totale Verplanung. Die Fixierung der Ziele antizipiert »das notwendige oder wünschbare Handeln der Menschen ... Je präziser ein diesem Handeln entsprechendes Endverhalten als Ziel des Lernprozesses fixiert wird – und dies entspricht dem ursprünglichen Ansatz der Curriculumentwicklung – desto größer ist die Gefahr, daß nur das durch die ›vorgegebenen‹ Situationen ›geforderte‹ Verhalten, nicht aber selbstbestimmtes Handeln ihnen gegenüber eingeübt und andere als die nun einmal vorgesehenen Qualifikationen als überflüssig ausgeschieden werden«[11]. Dies gilt natürlich um so mehr für Bereiche, in denen es anstelle eines speziellen, genau umschreibbaren Verhaltens eher um eine allgemeine Fähigkeit geht oder in denen Ziele gar nicht eindeutig sind. Mit diesem Bedenken gegen eine totale Verhaltensplanung ist eng die Rückfrage an die Gefahren einer ausschließlich zweckrationalen Steuerung der Unterrichtsprozesse verbunden.

Es muß bedenklich stimmen, daß »von dem zweckrationalen Unterrichtskonzept aus andere Reaktionen der Lernenden als die vorgesehenen von vornherein nur noch als ›Störungen‹ erscheinen: mit manchem pädagogischen Schlendrian zusammen drohen dabei auch Spontaneität der Lehrenden und Lernenden, didaktische Phantasie der Lehrer, aktuelle Lerninteressen der Lernenden, abweichende Entscheidungen über Lernziele und schließlich fruchtbare Irrtümer ausgemerzt zu werden«[12]. Aufgrund solcher Überlegungen wird man gerade dann, wenn man den curricularen Ansatz hinsichtlich vieler Korrekturen an bisherigen Planungsvorstellungen für einen Fortschritt hält, gegen Tendenzen Bedenken anmelden müssen, die den Lehr-Lern-Prozeß vorwiegend behavioristisch[13] auffassen, und gegen solche, die Curricula ausschließlich in Gestalt von Lerntaxonomien[14] konzipieren. Diese Kritik gilt auch einer kybernetisch-informationstheoretischen Didaktik, die eine Technik des »didaktischen Informationsumsatzes« entwickelt, bei der die gesellschaftlichen Verhältnisse programmatisch ausgeblendet werden[15].

Andererseits: Die Unmöglichkeit der Realisierung. Curriculumentwicklung, in der vollen Konsequenz des eigenen Anspruchs genommen, setzt z. B. allein für die Ausarbeitung der Zielvorstellungen ein derartiges Instrumentarium voraus (Analysen der Gesellschaft und diverser spezieller Situationen, Analysen beruflicher Qualifikationen, Normendiskussionen im Zusammenhang empirischer Befunde usw.), daß es mit ad-hoc-Kommissionen nicht getan ist. Es ist irreal zu vermuten, daß die notwendigen Institutionalisierungen und Etatisierungen im Bereich des absehbar Möglichen liegen. Im Zusammenhang mit dem erstgenannten Einwand gegen die totale Verplanung ist also vorrangig an begrenzte Projekte zu denken.

Was ich bisher dargestellt habe, sind einige Aspekte der Curriculumdiskussion, wie sie für allgemeinbildende Schulen, nicht für Hochschulen geführt worden ist. Wenn man sich jedoch anschickt, Curriculum-Prinzipien in die

Hochschuldidaktik einzuführen, dann erspart man sich Umwege, wenn man die bisherige Diskussion für die Schulen aufarbeitet.
Worum es auf diesem Hintergrund geht, ist folgendes: »Klug« geworden durch die bisherige Diskussion, ist der *falschen* Faszination eines neuen Schlagwortes zu *widerstehen* (es löst nicht alle Probleme von selbst); zu *widerstehen* ist auch dem Irrglauben, eine möglichst getreue Übernahme des ursprünglichen, spezifisch amerikanischen Curriculum-Modells oder eine seiner deutschen Variationen und Modifikationen durch ein paar Experten könnten das Dilemma, das darin besteht, daß wir weitgehend Studien anbieten, ohne die spezifische Lehrsituation reflektiert zu haben, überwinden. Es wäre nur ein Tausch.
Zu *widerstehen* ist deswegen auch dem sich allerorten ausbreitenden Etikettenschwindel, der nach seltsamen Gesichtspunkten konstruierte Lehreinheiten nunmehr als Curricula bezeichnet[16] und meint, damit irgendein Problem gelöst zu haben.
Zu *widerstehen* ist nicht minder der sich für manchen nahelegenden Auffassung, weil der Entwurf eines Curriculums seine eigenen Fragen mit sich bringe, lasse man es doch lieber beim Alten, also bei weitgehend unbegründeten und unbegründbaren Entscheidungen über Lehrinhalte und bei nicht ausgewiesenen, mehr oder minder willkürlichen Zielvorstellungen.
Zu *widerstehen* ist schließlich dem Trend, die zentrale Forderung des Curriculumansatzes – *vor* der Auswahl von Inhalten nach Qualifikationen zu fragen – aufgrund theologischer Vorentscheidungen zu unterlaufen[17].
Stattdessen: Modifikationen, die sich bei einer kritischen Rezeption der Curriculumforschung aufgrund der gemachten Einwände und Erfahrungen selbst abzeichnen, sind auf ihre Tragfähigkeit für hochschuldidaktische Überlegungen hin zu untersuchen.

3. *Zwei Zwischenüberlegungen*

Bevor wir diesen Versuch unternehmen, sind zwei Zwischenüberlegungen notwendig.
Entgegen meinem mir gestellten Thema ist festzuhalten, daß ein Curriculum nicht von einem bestehenden Fach, z. B. von der Praktischen Theologie her zu entwickeln ist (und die andern theologischen Fächer hätten es dann je für sich auch zu tun). Denn ein Element im Ansatz der Curriculum-Theorie, das mir unbedingt festhaltenswert erscheint, weil es nämlich weitergehende didaktische[18] Möglichkeiten einschließt, besteht ja gerade darin, herkömmliche Fachgrenzen für die Situationen der Lehre nicht unbefragt stehen zu lassen, insofern sie didaktisch irrelevant oder hemmend sind. Lehre ist eben etwas anderes als Mitteilung fachwissenschaftlicher Systematik.
Zum andern: Reformüberlegungen müssen einkalkulieren, *wer* die Reformen durchführen soll und für wen, *mit welchen Adressaten* sie durchgeführt werden müssen. Deren Möglichkeiten und Grenzen sind im Konzept der Reform konstitutiv einzubauen. Das ist kein Widerspruch zum Plädoyer für Innovationen, sondern genau umgekehrt: es ermöglicht sie erst, wenn auch vielleicht in gegebenen Situationen nur begrenzt. Aber wer sich diese Frage nicht stellt, also seine Ziele nicht mit den Realitäten vermittelt, der schafft

sich selbst, was heute Frustrationen heißt – und verhindert, gegen seinen eigenen Elan, folgenreich Reformen.
Konkret heißt das – es ist delikat – für unsern Zusammenhang:
– Die Mehrzahl der Hochschullehrer ist didaktisch ahnungslos (nicht etwa nur methodisch!). Reformkonzepte müssen also damit beginnen, *Lehrende* mit didaktischen Grundvorstellungen elementar vertraut zu machen[19]. Das ist weder Vorwurf noch Anklage. Es kann ja gar nicht anders sein, erwirbt man doch die Qualifikation als *Lehrer* an einer Hochschule bislang durch den Nachweis, *Wissenschaftler* zu sein. Am Schreibtisch arbeiten ist aber etwas anderes als unterrichten.
– Die Mehrzahl der Studierenden kommt aus Schulen, in denen sie rund zwölf Jahre geprägt worden sind – in vielerlei Hinsicht, kaum aber in Richtung *Selbstbestimmung.* Reformvorstellungen können also niemals diese Fähigkeit bei Studierenden voraussetzen.

4. Ansatzpunkte

Vor der Konkretisierung von Ansatzpunkten für das Studium sind noch einige Überlegungen anzustellen, die sich auf alle Einzelerwägungen beziehen. Sie betreffen, sollen die Ansätze nicht technokratisch unter dem didaktischen Anspruchsniveau bleiben, das leitende Gesamtverständnis von (Praktischer) Theologie und ihrem Studium[20]. Dabei sollen diese Überlegungen zugleich ausschließen, daß der »öffentliche Diskurs« (s. o.) unter der Hand standpunktlos wird und die Problematisierung des Curriculumansatzes rein formal bleibt. Unter diesem Blickwinkel ist hier folgendes festzuhalten:
Im Studium ist, unter jeglichem Aspekt der Planung und der inhaltlichen Entscheidung, zu realisieren, daß es sich um einen *wissenschaftlich-kritischen Lernprozeß* handelt, der zugleich ein *reflexiver Bildungsprozeß* ist. Diese beiden Aspekte des einen Prozesses zusammengenommen, handelt es sich, auf anderer Ebene betrachtet, zugleich um einen *Qualifikationsprozeß*[21]. Studiensituationen und Studieninhalte sind so zu reflektieren, daß die drei Aspekte zusammengehalten werden, damit Studium gelingen kann: gelingen als kritische Begegnung mit Wissenschaft; gelingen als kritische Begegnung des Studierenden mit sich selbst[22]; gelingen als Vorbereitung auf die Übernahme beruflicher, d. h. öffentlicher Verantwortung[23].
Aus einem so gefaßten Grundverständnis von Studium lassen sich folgende drei inhaltliche Bezugspunkte des Studienaufbaus ableiten:
Neben der projektiven Komponente gehört zum Studium entscheidend die *Kritik der eigenen Traditionen* und ihrer Wirkungen in Geschichte und Gegenwart. Diese Kritik schuldet Wissenschaft der Gesellschaft, auf die sie einwirkt. Sie eröffnet die Möglichkeit neuer Ansätze, neuer Fragestellungen und vorwärtsweisender Veränderung. Auf unser Feld bezogen heißt das: Religionskritik, Theologiekritik und Kirchenkritik sind als ureigenes Thema der Theologie selbst zu begreifen und von ihr zu leisten[24]; sie sind nicht der Affront gegen Theologie und deshalb andern zu überlassen, sondern sie sind ein nobile officium der Theologie.
(Praktische) Theologie nimmt teil an der vielfältigen Reflexion von *Lebenspraxis.* Mag auch religiös motivierte Praxis vorrangiger Reflexionsgegenstand sein, so darf doch der Totalaspekt nie aus dem Auge verloren werden.

Die Forderung der *Berufsbezogenheit* des Studiums hat gegenüber einem Wissenschaftsverständnis ihr Recht, das sich aus der Realität in den Elfenbeinturm »reiner Forschung« flüchtet. Insofern sind Studiensituationen und Studieninhalte in vielen Fächern und auch in der (Praktischen) Theologie neu zu strukturieren. Dabei ist aber zu beachten, daß Berufsbezogenheit nicht unter der Hand in die Vorstellung umschlägt: es darf nur studiert werden, was unmittelbar »verwertet« werden kann. Das wäre die entscheidende Weichenstellung in Richtung Kurzstudium, in dem nur Platz hat, was unter den gegebenen Bedingungen gebraucht wird. Studium würde in diesem mißverstandenen Sinn von Berufsbezogenheit notwendig jeglicher kritischen Impulse beraubt und die künftige Berufspraxis folglich auch.
Zu fragen ist nunmehr im Zusammenhang der gegebenen Studiensituationen und angesichts der neu zu erwägenden Anregungen aus der Curriculum-Theorie nach möglicherweise ergiebigen *Ansatzpunkten* für neue Studienplanung, Lehrformen, Studienorganisation. Folgende drei zeichnen sich ab:

– gemeinsame Planung von Arbeitseinheiten durch Lehrende und Lernende (aber nicht: Entwicklung von Curriculum-Einheiten durch übergeordnete Expertenkommissionen);
– »offene« Konstruktion der Arbeitseinheiten (aber nicht totale Fixierung des Unterrichts durch Totalplanung);
– Förderung des Projektstudiums.

Diese drei Ansatzpunkte sind wenigstens mit einigen Hinweisen zu konkretisieren.

Gemeinsame Planung

Ein, wenn nicht das entscheidende Medium, in dem sich alle bisherigen Überlegungen konkretisieren werden, dürfte die Beteiligung der Studierenden an Planung und Organisation des Studiums sein[25]. Dabei ist (im Sinne der Zwischenüberlegung, s.o.) zweierlei zu bedenken:

– Es ist nicht vorauszusetzen, daß die Studierenden im Schnitt dazu in der Lage sind. Also kann es nur schrittweise geschehen, und es wird Zeit kosten. Aber diese Zeit ist, nimmt man Studium als reflexiven Bildungsprozeß ernst, keine für die Lehre verlorene Zeit, sondern auf eigene Weise lehrintensiv.
– Es ist nicht vorauszusetzen, daß Selbstorganisation im Sinne von Mitbeteiligung an der Planung vom Beginn des nächsten Semesters an in allen Veranstaltungen »eingeführt« werden könnte. Es wird eine lange Zeit verschiedene Strukturen nebeneinander geben.

»Offene« Konstruktionen

Die Anlage von »Arbeitseinheiten«, d. h. die Ablösung der Vorstellung, man habe möglichst »reine« Wissenschaft zu vermitteln, zugunsten der Frage nach didaktisch reflektierten Lehr-Lern-Prozessen, die Konstruktion von Arbeitseinheiten also kann nicht an geschlossenen Stoffkomplexen und erst recht nicht an einlinigen Lernerfolgsnachweisen im Sinn von Verhaltensergebnissen sich orientieren. Vielmehr wird es darum gehen, bestimmte Modelle für Teil-Curricula zu entwickeln, in denen

– Materialien von Fall zu Fall auswechselbar sind, je nach Anlaß und Situation, je nach Interesse der Studierenden und der Lehrenden, wie wohl das Ziel und die Absicht kontinuierlich sind (z. B. Arbeitseinheit »Einführung in das Studium der [Praktischen] Theologie«);
– alternative Problemlösungen oder Entscheidungs- und Beurteilungssituationen materialreich einander konfrontiert werden.

Solche Modelle gewinnen, was nötig und rationell ist, Funktionen über den Anlaß der Veranstaltung eines Semesters hinaus.

Projekt-/problemorientiertes Studium

Die Curriculum-Theorie übernimmt mit guten Gründen den (aus arbeitstechnischen Gründen für den Wissenschaftler sicher begrenzt notwendigen und berechtigten) Einteilungsraster der Fachwissenschaften und besonders ihrer Untergliederungen *nicht* als Leitseil und Struktur. Denn die didaktische Struktur ist eigenständig und nicht einfach eine verwässerte Wiederholung der Fachsystematik auf anderer Ebene. Hinzu kommt, daß von fachwissenschaftlichen Orientierungen her die herkömmliche Trennung von Theorie und Praxis nicht überwindbar ist. Hier liegt ein Problemkomplex, dem wir uns Schritt für Schritt nähern müssen.

Unter Projektstudien versteht man die Beteiligung von Studierenden und Lehrenden an einem gegebenen praktischen Sach- und Problemzusammenhang, dessen Bewältigung differenzierte Arbeitsgänge nötig macht: Situationsanalysen, Sachklärungen, fachwissenschaftliche Erkundungen, Problemlösungen im theoretischen wie im praktischen Bereich. Projekte stellen also den Versuch dar, die traditionelle Trennung von fachwissenschaftlicher Ausbildung und künftiger Praxis tendenziell aufzuheben. »Derartiges ist z. B. im Projekt ›Osdorfer Born‹ an der Hamburger Universität intendiert. Aktive Arbeit mit Kinder-, Schüler- oder Elterngruppen im Stadtteil, Beobachtungen und Protokollation dieser Arbeitsprozesse, Analysen der akuten Probleme, Erarbeitung der theoretischen Grundlagen und schließlich Konzipierung und Planung der Projektarbeit im ganzen bilden verschiedene Tätigkeitsfelder, die miteinander verschränkt sind, aber von den Studenten in unterschiedlicher Folge wahrgenommen werden, wobei diese Stationen mindestens einen großen Teil der sozialwissenschaftlichen Studiengänge abdecken. Insofern in der Konzeption des Projektstudiums die Orientierung an Problemen der Praxis, die Beziehung auf den künftigen Beruf der Lernenden, die gemeinsame Entscheidung der Beteiligten und damit auch die Voraussetzungen für ihre Motivation vereinigt sind, stellt sie die Überwindung einiger Begrenzungen und Widersprüche der klassischen Curriculumansätze dar, obwohl sie umgekehrt auch jene als Korrektiv gelten lassen muß.«[26]

Das sozialwissenschaftliche Beispiel vermag die verschiedenen Aspekte, die zu bedenken sind, relativ genau zu verdeutlichen:

Abstrakte *Fachgrenzen* werden überwunden, weil die Realität ja gerade dadurch gekennzeichnet ist, daß Probleme niemandem den Gefallen tun, »lupenrein«, nach wissenschaftlichen Einteilungskriterien geordnet, aufzutreten, sondern immer komplex sind, also mehrdimensional. Dies muß erkannt werden – wie umgekehrt vielmehr erst von hieraus das begrenzte Recht und

die aus wissenschaftsökonomischen Gründen relative Notwendigkeit der Trennung der Aspekte, wie sie die Fächergliederung vornimmt, begriffen werden kann. Das ist der Gegensatz zu der vertrauten Situation, gelegentlich Veranstaltungen (»interdisziplinär«) durchzuführen, in denen Lehrende einen Dialog vorexerzieren sollen, weil die Studierenden den Zusammenhang der Fachaspekte nicht mehr sehen können – und die Lehrenden tun sich dann mehr als schwer wegen der übergroßen Verständigungsschwierigkeiten.
Der *Theorie-Praxis-Zusammenhang* ist evident. Praxis wird erfahren, in ihr stellt sich die Frage nach theoretischen Voraussetzungen und Reflexionen unmittelbar, und dies wirkt wieder auf Praxis im Sinne möglicher Veränderung ein. Praxis wird so konstitutiv für das Studium, ist Teil des Studiums selbst. Das ist der Gegensatz zu der verbreiteten Methode, theoretisches Studium durch Praxis zu illustrieren. Das muß stets relativ effektlos bleiben, weil genau der obengenannte Zusammenhang, die gegenseitige Verwiesenheit aufeinander nicht erfahren wird, sondern nur zu leicht: Praxis als unvermittelbarer Gegensatz zu Theorie, als »andere Welt«.
Die *Motivationsprobleme* der Studierenden, ein fraglos immer schwieriger werdendes Problem, lösen sich im Theorie-Praxis-Zusammenhang nachweislich sinnvoller, weil Konkretionen hilfreich sind[27].
Es spricht viel für die Vermutung, daß projekt-/problemorientierte Studien als ein grundlegend anderer Ansatz im Vergleich zu den systematisierenden, »Fächer« isolierenden Studien eine hervorragende, didaktisch ungemein ergiebige Möglichkeit darstellen. Sie kommen »forschendem Lernen« (s. o.) wohl am nächsten. Dies darf aber nicht den Blick für die damit gegebenen neuen Probleme verstellen. Sie bedürfen weiterer Reflexion, und zwar im Zusammenhang mit *Versuchen* projekt-/problemorientierten Studiums. Es handelt sich vorrangig um zwei Fragen:
Die Struktur dessen, was ein *»Projekt«* ist, muß noch sehr viel genauer bestimmt werden. Das gilt für projekt-/problemorientiertes Studium generell, besonders aber für (praktisch-)theologische Projekte. Welche Kriterien müssen erfüllt sein, wenn von einem Projekt die Rede ist? Wie komplex muß es sein? Wie umfangreich? In welchen zeitlichen Dimensionen ist es zu denken? Wonach bestimmt sich Eignung oder Nichteignung eines Projektes? Ist es vorher sehr genau zu präzisieren oder soll die Präzisierung gerade umgekehrt erst im Prozeß der Arbeit erfolgen?
Man darf nicht verkennen, daß projekt-/problemorientierte Studien die herkömmliche *Struktur der Universität* und ihrer Studienorganisation ernsthaft tangieren. Insbesondere gilt das für die geisteswissenschaftlichen Fächer einschließlich der Theologie. Studienreform schlägt hier zwangsläufig in Hochschulreform, Hochschulpolitik um. Das gilt für so verschiedenartige und unterschiedlich gewichtige Probleme wie Stundenpläne und Stundendeputate (auch der Lehrenden!) und die völlige Durchsetzung ganzer Studienbereiche mit Praxis, was ja der überlieferten geisteswissenschaftlichen Orientierung der deutschen Universität stracks zuwiderläuft. Diese Veränderung der Universität muß man wollen, wenn man problem-/projektorientierte Studien will. Sie beträfe nicht nur die Neustrukturierung unserer Fächer, einschließlich der (Praktischen) Theologie, sondern sie wäre überdies geeignet, Universität und Realität, und das heißt auch: Studium und Berufspraxis, die ein-

ander fast aus den Augen verloren haben, wieder aufeinanderhin zu bewegen.
Wenn die Einführung projekt-/problemorientierter Studieneinheiten eigene, noch weiter zu klärende Fragen aufwirft und wenn man davon ausgeht, daß lange nicht alle Hochschullehrer bereit bzw. fähig sind, an derartigen Projekten mitzuarbeiten (denn das setzt für viele Hochschullehrer eine weitgehende Umorientierung ihrer wissenschaftlichen Existenz voraus, die man gar nicht von allen erwarten kann: vom hochgradig spezialisierten Einzelarbeiter zum teamfähigen Mitarbeiter an komplexen, praxisnahen Projekten, die sich nicht ohne weiteres an Fachgrenzen halten), dann liegt auf der Hand: anzustreben ist die Möglichkeit vorerst begrenzter Versuche mit projekt-/problemorientierten Studieneinheiten, die unvermeidlich neben ganz anders strukturierten Studienformen und -angeboten laufen werden; unrealistisch ist die Vorstellung, das gesamte Theologiestudium von heute auf morgen projekt-/problemorientiert umzubauen. Von daher ergeben sich auch schon Indizien für die etwaige zeitliche Ausdehnung eines Projektes: kaum länger als ein Jahr. Die studienorganisatorischen Probleme für die Studierenden wären vermutlich am ehesten so lösbar, daß die Teilnehmer an einem Projekt während dieser Zeit an andern Studienveranstaltungen nur begrenzt teilnehmen.

5. *Prüfungen*

Eine Studienreform, die sich nicht in einer Revision der Prüfungsordnung niederschlägt, ist in sich unsinnig. Viele Mühen, die in Einzelexperimente gesteckt worden sind, sind vergeudete Kraft gewesen, weil die nachfolgende Prüfung, von anderen Kriterien geleitet, desavouiert, was zuvor geschehen ist – und den Studierenden einer Doppelbelastung unterstellt.
Faßt man die inzwischen hinlänglich bekannte psychologische Problematik der Prüfungen[28] – die freilich von nicht wenigen Prüfern weiterhin wider alle empirischen Befunde in Abrede gestellt wird – und die sich aus curricularen Studienansätzen ergebenden Forderungen an die Prüfungsstruktur zusammen, so sind vorrangig drei Forderungen zu erheben[29].
– Der Katalog der Prüfungsfächer und Prüfungsleistungen muß in erheblichem Maße *Wahlmöglichkeiten* zulassen. Dies entspricht lediglich der viel größer gewordenen Breite des Studiums gegenüber früher; es entspricht auch der Notwendigkeit, daß innerhalb wie außerhalb der Kirchen Theologen gebraucht werden, die unterschiedliche Schwerpunkte haben, und diese Schwerpunkte müssen auch schon während des Studiums gesetzt werden können, wenn sich dies für jemanden nahelegt.
Der Einwand, daß so wichtige Fächer »abgewählt« werden können, verschlägt letztlich nicht. Natürlich werden jeweils wichtige Fächer abgewählt, denn unwichtige gibt es ja wohl in keiner Prüfungsordnung. Es ist dies aber die Voraussetzung für Konzentration und fundiertes Wissen *trotz* immer größerer Ausuferung des Wissens und immer größerer Komplexität der Problemlandschaften. Und unvertretbare Verkürzungen der Wahl lassen sich schließlich durch die Prüfungsordnung ohne weiteres verhindern.
– Bei sorgsamer Abwägung dürften die Vorzüge einer *kumulativen,* also entzerrten Prüfung statt einer geballten am Studienende überwiegen. Mindestens sollten die *Möglichkeiten* vergrößert werden, Studienleistungen wäh-

rend des Studienganges als Prüfungsleistungen, im Zusammenhang mit Veranstaltungen und Projekten, anerkannt zu bekommen. Der Einwand, daß damit das Studium zur permanenten Prüfungssituation entarte, ist ernst zu nehmen. Spontaneität, die Lust an Umwegen, die keine »Scheine« einbringen, könnten gemindert werden. Letztlich scheint mir aber die Problematik der geballten Prüfung und insbesondere die auf sie hin von vielen praktizierte Vorbereitung – in deren Zusammenhang, wie jeder wissen kann, nicht nur Zusammenbrüche, unverarbeitete Niederlagen, sondern auch Selbstmorde gehören – so ungelöst, daß ich mich eher für die kumulative Prüfung entscheide.

– Geht man davon aus, daß eine Prüfung für den Betroffenen dazu dient, zu reflektieren, was er getan hat, nachzuweisen, was er kann, nicht aber der Ort ist, festzustellen, was er nicht kann, geht man also von der positiven didaktischen Funktion einer Prüfung aus – Ordnung und Auswertung des Studienganges –, dann sollte es selbstverständlich sein, daß zur Prüfung die freie *Prüferwahl* und die *Mitbestimmung* über die Prüfungsthemen gehört.

Der Einwand, daß auf diesem Wege der »Forderungscharakter«[30] der Prüfung unvertretbar ermäßigt wird, ist nicht zwangsläufig. Es ist nur selbstverständlich, daß die Bewertungskriterien schärfer sein werden, wenn der Kandidat in Gebieten seiner Wahl geprüft wird – das kann er dann ja auch ertragen. Dabei lasse ich jetzt unerörtert, daß die Frage der Kriterien ein eigenes ungelöstes Thema darstellt[31]. Andererseits machte der genannte Einwand auf etwas aufmerksam, wofür offenbar noch wenig Erfahrungen vorliegen: die rechtzeitige, vernünftig organisierte, inhaltlich fruchtbare Beratung des Kandidaten bei der Wahl seiner Prüfungsgebiete.

6. *Kooperation*

Lag unser Ausgangspunkt beim öffentlichen Diskurs der Beteiligten und Betroffenen, bewußt über die Ausbildungsinstitutionen hinausgreifend, so ist abschließend ausdrücklich auf solche Kooperationsmöglichkeiten hinzuweisen, die naheliegen, aber kaum oder gar nicht wahrgenommen werden.

Eine eigene Tradition der Beziehungslosigkeit, wenn nicht der Kontroverse, vielfältig psychologisch motiviert, besteht im evangelischen Bereich zwischen den Predigerseminaren, also den Ausbildungsstätten der zweiten Phase[32], und den Fakultäten bzw. Fachbereichen. Es bestehen alle Chancen, dieses Dilemma im Verhältnis zu den Kirchlichen Fachhochschulen konsequent fortzusetzen. Dennoch bleibt wahr, daß Theologiestudium nur sinnvoll zu konzipieren, zu organisieren und – allein schon aus Gründen begrenzter Mittel – zu realisieren ist, wenn die verschiedenen Ausbildungsinstitutionen permanent kooperativ wirken. Psychologische Blockaden der verschiedenen Beteiligten, Standes- und Prestigeprobleme oder verschieden veranschlagte vermeintliche wissenschaftliche Dignität dürfen dies nicht länger verhindern. Auch wenn man einen Horror vor neuen Ausschüssen haben muß, so ist ein entscheidender genau der, den es nicht gibt: auf Länder- oder Landeskirchen- bzw. Diözesen-Ebene ein Ständiger Gemeinsamer Ausschuß Theologischer Ausbildungsstätten. Ich sehe keine Notwendigkeit, ihn konfessionell zu konstruieren – im Gegenteil. Es bedarf der Nötigung zum Dialog, von wem sie auch ausgehen mag, zwischen allen Beteiligten, und vielleicht kön-

nen dabei, regional gewiß unterschiedlich, in manchen Bereichen kirchliche Instanzen oder Repräsentanten das Tempo der Betroffenen überholen, um auslösende Funktionen zu übernehmen.
Schließlich: Mag dieser oder jener der Meinung sein, in der Forschung geschehe Entscheidendes (noch) durch große Einzelne – *Lehrer* kann man nur in Kooperation mit andern sein, jedenfalls ein Lehrer, für den gilt – nach Ch. Stocks Homiletischem Reallexikon aus dem Jahre 1741 –, daß er sei:

»Gleich einer Uhr, welche schläget, wie sie weiset und zeiget.
Gleich einer Laternen, welche das Licht in sich führet, und andern fürleuchtet, daß sie den rechten Weg nehmen und gehen.
Gleich einem Fuhrmann, welcher nicht nur den Weg an Ort und Stelle weiset, sondern auch selbst mitfähret.
Gleich einem Licht, welches andere nicht anzündet, wo es nicht selbsten brennet.
Gleich einem Hahn, welcher, wenn er mit seinem Krähen andere will munter machen, sich selbst zuvor mit Zusammenschlagung der Flügel munter machet.«[33]

Anmerkungen

1 In den folgenden Ausführungen stecken natürlicherweise die eigenen konkreten Erfahrungen der letzten Jahre. Das heißt zugleich, daß hinter der schriftlichen Fixierung, die ich allein zu verantworten habe, vielfältige Anregungen der permanenten Diskussion mit meinen Mitarbeitern stehen, für die ich zu danken habe. – Insgesamt vgl.: H. Luther, Wissenschaft als kommunikativer Bildungsprozeß. Die Reform des Theologiestudiums im Rahmen einer diskursiven Hochschuldidaktik (Diss. Mainz, in Vorbereitung).

2 Ein instruktives Beispiel für einen solchen öffentlichen Diskurs ist der Prozeß, den die Hessischen Rahmenrichtlinien für Deutsch und Gesellschaftslehre ausgelöst haben, freilich verspätet, denn die Diskussion hätte *vorher* stattfinden sollen. Immerhin ist erreicht worden, daß *öffentlich* diskutiert wird, was in zwei Fächern in den Schulen eines Bundeslandes in Zukunft unterrichtet werden soll. Dies dürfte ein erstmaliger Vorgang sein. Er wiegt schwerer – im Sinne einer prinzipiellen Weichenstellung – als die Frage, ob man den Rahmenrichtlinien in allen Punkten zustimmen mag; und zwar deswegen, weil die Frage der Zustimmung oder Nichtzustimmung zu dem, was in unseren Schulen geschieht, nicht mehr hinter verschlossenen Türen stattfindet, in Kommissionen, deren Zustandekommen und deren Zusammensetzung eigene Rätsel aufgaben. Daß dieser Zustand überwunden worden ist, genau dies ist das Entscheidende. Vgl. G. Köhler / E. Reuter, Was sollen Schüler lernen? Die Kontroverse um die hessischen Rahmenrichtlinien für die Unterrichtsfächer Deutsch und Gesellschaftslehre. Fischer-TB. 1460 (1973).

3 Es läge auf der Hand, von solchen Ausgangspunkten her, eine intensive inhaltliche Auseinandersetzung mit der Arbeit der »Gemischten Kommission« zur Reform des theologischen Studiums zu führen – das ist leider in diesem Rahmen nicht möglich.

4 Die Literaturhinweise werden bewußt sparsam gehalten; bevorzugt wird solche Literatur genannt, die in die Problemstellungen einführt und bibliographisch ergiebig ist. Vorweg ist unter diesem Aspekt zu nennen: E. Guhde, Bibliographie zur Hochschuldidaktik. AHD Materialien 17 (1970); Reihe: Blickpunkt Hochschuldidaktik (1969ff.); Reihe: Hochschuldidaktische Materialien (1968 ff.); daraus besonders: R. Cachandt u. a., Entwurf eines theologischen Curriculums 34 (1972); J. Lähnemann (Hg.), Ansätze zu einer Hochschuldidaktik im Bereich evangelischer Theologie. Diskussionsbeiträge und Erfahrungsberichte 39 (1973); Reform der theologischen Ausbildung 6 (1970), 9 (1972); H. Prior, Kritische Bibliographie zur Hochschuldidaktik. Blickpunkt Hochschuldidaktik 17 (1971).

5 Als eine der wenigen Arbeiten, die dieses Thema direkt aufgreifen vgl. K. H. Flechsig, Die Entwicklung von Studiengängen. Hochschuldidaktische Stichworte 6, hg. vom Interdisziplinären Zentrum für Hochschuldidaktik der Universität Hamburg (1973).

6 Vgl. dazu die Veröffentlichungen der Bundesassistentenkonferenz: Forschendes Lernen – Wissenschaftliches Prüfen (1970); Beiträge zur Studienreform (1970).

7 Zum Problemkreis Forschung – Lehre – Wissenschaft vgl. H. Seiffert, Hochschuldidaktik und Hochschulpolitik (1969), bes. 58 ff.; H. v. Hentig u. a. (Hg.), Wissenschaftsdidaktik (1970); D. Spindler (Hg.), Hochschuldidaktik (1968), bes. H. v. Hentig, 7 ff.; H. v. Hentig, Magier oder Magister? Über die Einheit der Wissenschaft im Verständigungsprozeß (1972).

8 Hochschule als Teil der Erwachsenenbildung sieht z. B. K. Opitz, Konkrete Utopie: Aufgabe und Form einer zeitgemäßen Universität, in: neue sammlung 10 (1970), 247 ff.

9 Vgl. H. Blankertz, Theorien und Modelle der Didaktik (^{5}1972); S. B. Robinsohn,

Bildungsreform als Revision des Curriculum ([5]1971); D. Knab, Ansätze zur Curriculumreform in der BRD, in: betrifft erziehung 5 (1972), 15 ff.; F. Achtenhagen / H. L. Meyer, Curriculumrevision. Möglichkeiten und Grenzen (1971); H. A. Hesse/W. Manz, Einführung in die Curriculumforschung (1972); H. L. Meyer, Einführung in die Curriculum-Methodologie (1972).

10 Vgl. dazu K. E. Nipkow, Politische Aspekte der Lernzieldiskussion. Curriculumforschung auf dem Hintergrund antagonistischer Bildungspolitik, in: H. Hauke (Hg.), Aspekte des Lernens (1972), 73 ff.; F. Huisken, Zur Kritik bürgerlicher Didaktik und Bildungsökonomie (1972); auch H. Blankertz. – Daß sich selbst Vertreter der Curriculumforschung im konkreten Fall gegen ihre eigenen Prinzipien rigiden politischen (hier: kirchenpolitischen) Vorentscheidungen unterwerfen, zeigt in wünschenswerter Deutlichkeit D. Knab in ihrem Vorwort zu einem Curriculumkonzept, welches *zuvor* von der Deutschen Bischofskonferenz *genehmigt* worden ist. In: D.I.P.-Information 2 (Dezember 1972) 1 f. (als Manuskript vervielfältigt).

11 I. Bürmann/L. Huber, Curriculumentwicklung im Hochschulbereich. Hochschuldidaktische Stichworte 2, hg. vom Interdisziplinären Zentrum für Hochschuldidaktik der Universität Hamburg (1973) 6 f.

12 AaO. 7.

13 Z. B. W. Correll (Hg.), Programmiertes Lernen und Lehrmaschinen (1965).

14 Z. B. B. S. Bloom (ed.), Taxonomy of Educational Objectives (1956); Ch. Möller, Technik der Lehrplanung (1969).

15 Vgl. dazu H. Frank, Kybernetische Grundlagen der Pädagogik, 2 Bde. ([2]1969); F. v. Cube, Kybernetische Grundlagen des Lehrens und Lernens (1965).

16 Eine Tendenz, die gerade in religionspädagogischen Veröffentlichungen belegbar ist.

17 Vgl. dazu die Anfragen, die K. Wegenast formuliert, in: ders. (Hg.), Curriculumtheorie und Religionsunterricht (1972) 3.

18 Damit kein Mißverständnis entsteht: Der Begriff der Didaktik bezieht sich hier wie durchgängig auf *Inhalte* und meint nicht etwa nur deren abgelöste Vermittlungsproblematik (wie er freilich oft genug, gerade in hochschuldidaktischen Diskussionen, verwendet wird).

19 Diese Problematik, ihre Voraussetzungen und ihre Folgen erörtert aufschlußreich B. Eckstein, Hochschuldidaktik und gesamtgesellschaftliche Konflikte. es 536 (1972), 43 ff. (Hochschullehrer und Hochschuldidaktik) und bes. 65 ff. (Der Reformwiderstand als sozialpsychologisches Phänomen). Eigene Fragen werfen die Therapievorschläge (119 ff.) auf, worauf aber hier nicht eingegangen werden kann. Vgl. auch: W. Keil/V. Piontowski, Strukturen und Prozesse im Hochschulunterricht (1973).

20 Vgl. in diesem Band: 4. G. Otto, Praktische Theologie als kritische Theorie religiös vermittelter Praxis.

21 Die Unterscheidung dieser drei Aspekte im Prozeß des Studiums übernehme ich von H. Luther.

22 An dieser Stelle wäre die komplexe Problematik von kognitiven und affektiven Komponenten des Studiums zu erörtern, einschließlich aller Voraussetzungen und Folgen, die hier nicht erörtert werden können – auf dem Hintergrund der Tatsache, daß gegenwärtiges Studium ausschließlich kognitiv orientiert ist und somit nur mit »halben Menschen« rechnet.

23 Zur Mehrdimensionalität curricularer Zielvorstellungen vgl. E. Becker, Hochschulpolitik als Rationalisierungsstrategie und als Projektwissenschaft mit emanzipatorischem Interesse, in: Studentische Politik (1971) Heft 5.

24 C. Gremmels/W. Herrmann, Vorurteil und Utopie (1971); G. Sauter, Wissenschaftstheoretische Kritik der Theologie (1973); F. v. d. Oudenrijn, Kritische Theologie als Kritik der Theologie (1972).

25 Vgl. D. v. Oppen (Hg.), Lehrfreiheit und Selbstbestimmung (1969).

26 Bürmann / Huber, 20.

27 Die komplexe Motivationsproblematik kann hier nur genannt, aber nicht weiter verfolgt werden. Vgl. dazu G. Portele, Intrinsische Motivation in der Hochschule. Eine empirische Untersuchung zum »forschenden Lernen«. Blickpunkt Hochschuldidaktik 12 (1970).

28 Vgl. M. Schütz u. a. (Hg.), Prüfungen als hochschuldidaktisches Problem. Blickpunkt Hochschuldidaktik 1 (1969); B. Eckstein, Hochschulprüfungen: Rückmeldung oder Repression. Blickpunkt Hochschuldidaktik 13 (1971); H.-H. Müller / R. Schulmeister, Hochschuldidaktik und hochschulpolitische Praxis. Blickpunkt Hochschuldidaktik 27 (1972); Reform der theologischen Ausbildung 2 (1968), 5 (1970), 8 (1971).

29 Vgl. die (inzwischen revisionsbedürftige) Diskussionsvorlage einer Prüfungs- und Promotionsordnung, erarbeitet von G. Otto, P. Sauer, L. Schottroff und K. Weber, in: G. Otto, Kirche und Theologie (1971) 114ff.

30 Die Problematik des Begriffs muß hier auf sich beruhen.

31 Als Raster für die Beurteilung von (mündlichen) Prüfungssituationen wäre etwa zu erwägen:
Das Prüfungsgespräch wird unter drei Kriterien beurteilt:
- Kenntnisse im Spezialgebiet;
- Verständnis, Reflexionsvermögen, Problembewußtsein;
- Fähigkeit zur Einordnung des Spezialgebiets in übergeordnete Zusammenhänge.

Innerhalb jedes dieser Kriterien wird die Leistung nach Punkten gewertet. Es sind jeweils 0 bis 3 Punkte erreichbar, halbe Punkte sind zulässig.
Hat der Kandidat ein Spezialgebiet mit besonderem Schwierigkeitsgrad gewählt, erhält er einen Punkt Aufschlag.
Alle Punkte werden addiert und nach folgendem Schlüssel in Noten umgesetzt (die höchste erreichbare Punktzahl ist 9 + 1 = 10):

8 und mehr Punkte	= sehr gut (1)
6 bis 7 Punkte	= gut (2)
4 bis 5 Punkte	= befriedigend (3)
3 Punkte	= ausreichend (4)
weniger als 3 Punkte	= nicht ausreichend (5)

Es ist zu beachten, daß die drei genannten Kriterien nicht nacheinander »abgeprüft« werden können; sie stellen vielmehr Hilfsfragen dar, um das Prüfungsgespräch inhaltlich zu analysieren.
In die Punktfestsetzung sind Kontrollfragen einzubeziehen, die sich an den Prüfer richten und insbesondere vom Protokollanten und vom Beisitzer zu beachten sind:
- Hat der Prüfer dem Kandidaten genügend Anstöße in der Richtung der drei Kriterien gegeben?
- Hat der Prüfer den Prüfling an der Entfaltung seiner Möglichkeiten gehindert?

32 Zur Situation der zweiten Ausbildungsphase vgl. jetzt: materialien zur vikarsausbildung. neue modelle in der erprobung. problemskizzen berichte dokumente I, hg. vom Comenius-Institut (1973).

33 C. Stock, Homiletisches Real-Lexikon Oder Reicher Vorrath zur geist- und weltlichen Beredtsamkeit (1741), Art.: Lehrer der Kirchen, 741.

Quellennachweis

S. 24: Hartmut von Hentig, Systemzwang und Selbstbestimmung. Über die Bedingungen der Gesamtschule in der Industriegesellschaft. Stuttgart: Ernst Klett Verlag ²1969 (⁴1974), S. 101 f.

S. 24ff.: Karl Barth, Biblische Fragen, Einsichten und Ausblicke (1920). Zitiert nach: J. Moltmann (Hg.), Anfänge der dialektischen Theologie, Teil I. München: Chr. Kaiser Verlag 1966, S. 58–60 und 63.

S. 26f.: Wolfhart Pannenberg, Grundfragen systematischer Theologie. Gesammelte Aufsätze. Göttingen: Vandenhoeck & Ruprecht 1967 (²1971), S. 252 f.

S. 28f.: Gert Otto, Kirche und Theologie. Hamburg: Furche-Verlag 1972, S. 76.

S. 29f.: Johann B. Metz, Zur Präsenz der Kirche in der Gesellschaft. In: Die Zukunft der Kirche. Berichtband des Concilium-Kongresses 1970. Mainz/Köln: Matthias-Grünewald-Verlag/Benziger Verlag 1971, S. 87 f.

S. 30f.: Wolf-Dieter Marsch, Zur theologischen Interpretation von Religion. In: Ders. (Hg.), Plädoyers in Sachen Religion. Gütersloh: Gütersloher Verlagshaus Gerd Mohn 1973, S. 224–226.

S. 33ff.: Henning Luther, Kommunikation und Gewalt, Überlegungen zu einer Theorie der Politästhetik (edition 2000, Reihe theorie und kritik, Bd. 6). Gießen: Verlag Andreas Achenbach 1973, S. 14–17.

S. 35ff.: Wulf D. Hund, Kommunikation in der Gesellschaft. Demokratische Willensbildung oder manipulierte Meinung. Modelle für den politischen und sozialwissenschaftlichen Unterricht, Bd. 7. Frankfurt (Köln): Europäische Verlagsanstalt ²1972, S. 60–63.

S. 39f.: Yorick Spiegel, Der Pfarrer im Amt. Gemeinde, Kirche, Öffentlichkeit. Pfarrer in der Großstadt, Bd. 2/3. München: Chr. Kaiser Verlag 1970, S. 15 f.

S. 40ff.: Hans-Dieter Bastian (Hg.), Kirchliches Amt im Umbruch. Gesellschaft und Theologie, Praxis der Kirche Nr. 7. München/Mainz: Chr. Kaiser Verlag/Matthias-Grünewald-Verlag 1971, S. 7f.

S. 45ff.: Eduard Thurneysen, Die Aufgabe der Predigt (1921). In: G. Hummel (Hg.), Aufgabe der Predigt. Darmstadt: Wissenschaftliche Buchgesellschaft 1971, S. 105 ff. Mit freundlicher Genehmigung von Frau M. Thurneysen.

S. 48ff.: Gert Otto, Zum Thema: Predigt, Kommunikation und Rhetorik. In: Betz/Schottroff (Hg.), Neues Testament und christliche Existenz. Tübingen: J.C.B. Mohr (Paul Siebeck) 1973, S. 341–343.

S. 51: Wolfgang A. Nagel, Geschichte des christlichen Gottesdienstes (Sammlung Göschen, Bd. 1202/02 a). Berlin: Walter de Gruyter & Co. 1962, S. 5.

S. 51f.: Christhard Mahrenholz, Kompendium der Liturgik. Kassel-Wilhelmshöhe: Johannes Stauda Verlag 1963, S. 21 f.

S. 53f.: Hans-Eckehard Bahr, Gottesdienst als Öffentlichkeit. In: Bahr/Cornehl (Hg.), Gottesdienst und Öffentlichkeit. Hamburg: Furche-Verlag 1970, S. 14 f.

S. 55f.: Heinrich Roth, Pädagogische Psychologie des Lehrens und Lernens. Hannover: Hermann Schroedel Verlag ²1958 (¹⁴1973), S. 199 und 201.

S. 56: Gert Otto/Hans J. Dörger/Jürgen Lott, Neues Handbuch des Religionsunterrichts. Hamburg: Furche-Verlag ⁴1972, S. 21.

S. 56ff.: Heinz-Joachim Heydorn, Erziehung. In: G. Otto, Praktisch-theologisches Handbuch. Hamburg: Furche-Verlag ²1975, S. 152–155.

S. 60ff.: Eduard Thurneysen, Die Lehre von der Seelsorge. Zürich: Theologischer Verlag Zürich 1957, S. 9, 26 und 114 ff.

S. 63f.: Dietrich Stollberg, Therapeutische Seelsorge. München: Chr. Kaiser Verlag 1969 (³1972), S. 60 f.

S. 69f.: O. Baumgarten, Praktische Theologie. In: RGG Bd. IV. Tübingen: J. C. B. Mohr (Paul Siebeck) ¹1913, Sp. 1725 f. (Auszug).

S. 70f.: H. Faber, Praktische Theologie. In: RGG Bd. IV. Tübingen: J. C. B. Mohr (Paul Siebeck) ²1930, Sp. 1401–1403 (Auszug).

S. 71ff.: W. Jannasch, Praktische Theologie. In: RGG Bd. V. Tübingen: J. C. B. Mohr (Paul Siebeck) ³1961, Sp. 505–508 (Auszug).

S. 75ff.: Gert Otto (Hg.), Praktisch-theologisches Handbuch. Hamburg: Furche-Verlag ²1975, S. 9 ff. (Auszug).

S. 91ff.: Gert Otto, Curricula für das Studium der Praktischen Theologie? In: F. Klostermann/R. Zerfaß (Hg.), Praktische Theologie heute. München: Chr. Kaiser Verlag 1974.